不登校の女子高生が日本トップクラスの同時通訳者になれた理由《わけ》

田中慶子

祥伝社黄金文庫

たった半年留学したくらいでバイリンガルになれるわけがない。いや、なれるかもしれないけれど、当時の私が考えているようなネイティブ並みの英語スピーカーになることは、残念ながら不可能である。（29ページ）

「正しさ」へのこだわりを手放すことで、「学んだ英語」を「使える英語」にすれば、日本人の英語力は格段にあがるような気がしてならないのだ。（50ページ）

「先の予定が決まっていないのは、すべてのチャンスにオープンだということで、それはすばらしいことだよ」（57ページ）

ネイティブスピーカーを目指すことは、日本人が英語を学ぼうとすることにおいて障害以外のなにものでもない。（88ページ）

自分らしくクリエイティブに話す方法を模索している人には、ぜひネイティブスピーカーではない人のすばらしい英語のスピーチを参考にすることをお勧めする。（100ページ）

すべての経験が役に立っているかどうかはわからないが、一つひとつのことが「次の一歩」につながっていたとは思う。（130ページ）

「訳せない言葉」にこそ、自分が持っている常識や価値観では理解しきれない世界があることを知る鍵が隠されているように思う。（131ページ）

私は英語の発音練習をしていたときに、顔が筋肉痛になった。（193ページ）

これまでに「英語を学び始めたので、とりあえずCNNを頑張って聞いているんですよ」という人に何人も会った。それを聞くたびに私は「すぐにやめたほうがいいですよ」と言ったものだ。（204ページ）

言葉は、「これで完璧」などということはあり得ない。裏を返せば、完璧であり得ないのだから、完璧でなくてもいいのだ。（222ページ）

文庫化に際してのまえがき

この本を出版するときに、編集者さんが考えてくださった「不登校の女子高生が日本トップクラスの同時通訳者になれた理由」というタイトルは、前半部分の「不登校の女子高生」についてはは紛《まぎ》れもなく自分自身のことだと感じる反面、後半の「日本トップクラスの同時通訳者」という部分は何とも気恥ずかしく、今でも自分のこととして馴染《なじ》めません。

「日本トップクラス」であるかどうかはともかく、同時通訳という仕事は私に想像もしなかったほど多くの面白い経験を与えてくれました。

通訳の仕事を通してお目にかかる機会があった方々を思い返してみると、オードリー・タン台湾IT担当大臣、テイラー・スウィフト、デビッド・ベッカム、U2のボノ、ビル・ゲイツ、天皇皇后両陛下（当時）、ダライ・ラマなど、この仕事をしていなかったらお話をすることなどなかったであろう方々ばかりです。

私が卒業したアメリカのマウント・ホリョーク大学の創立者がこんな言葉を残しています。

Go where no one else will go. Do what no one else will do.
(他の誰も行かない場所に行き、他の誰もやらないことをやりなさい)

計画性のない行き当たりばったりな私の人生ですが、自分が想像もしなかった世界を見るという意味では、通訳という仕事のお陰で母校の教えを少しは実践できているのかもしれません。

この本では私が高校生で不登校になり、逃げるように海外に飛び出してから同時通訳者になるまでのことを書きました。

本を書くなどというのは初めての経験だったので、何の技術も計算もなく記憶を頼りに思い出したままに当時のことを書きました。いま読み返してみると、我ながらよくもまあ、こんなに「素」の自分をぶっちゃけてしまったものだと恥ずかしくなりますが、その分ありのままの当時の様子を感じていただけるかと思います。

自分のことを書いた本ではありますが、読み返してみると想像もしなかったことが起こるのが人生だという当たり前のことを実感せずにはいられません。むしろ人の想像力など現実に比べたら小さなものだと言うべきでしょうか。

「思い通り」「予定通り」にいかないことが多いのが人生ですが、そんなときほど自分の想像力が及ばないほどの面白い展開が待っているのかもしれないと考えることで小さな光が見えることもあるかもしれません。

もしも今、先が見えなくて不安に駆られたり焦ったりしている人が、この本と出会うことで少しでも気持ちが楽になったり、見えない未来が楽しみになったりしたら、著者としてこれ以上に嬉しいことはありません。

2022年3月

この本を手にとってくださった全ての方に感謝を込めて。

田《た》中《なか》慶《けい》子《こ》

第2章 思いつきでアメリカに……もう1回の高校生活 53

第４章 日本社会に不適合……またしても迷う 133

第 1 章

不登校、フリーター
……人生に迷う

義務教育が終わったら

「高校には行かない」

中学校で、高校進学の受験指導が始まったとき、義務教育が終わるのだから高校は勘弁してほしいと母に言った。

成績も普通だし、生活態度も悪くない、友達もそこそこいる。当時の私は、どこにでもいるような、ごくごく普通の中学生だった。

「普通」の中学生は、高校に進学するのが普通だと周りの誰もが思っているようだった。でも、そんな「普通」は、私が高校に進学したいと思う十分な理由にはならなかった。とにかく、高校には行きたくなかった。

どうして高校に進学したくなかったのか？　ひと言で言ってしまうと、「学校」がつまらなかったのだ。中学校に限らず、小学校も、いやさらにさかのぼって保育園から、ずっとつまらなかった。

日本には義務教育というものがあり、子どもには中学までの教育を受けさせることが親の義務であることは知っていた。法律なら嫌でも従わねばなるまい。だから中学校には行く理由があった。でも、義務教育が中学で終わるなら、その先は選択の余地があるということではないか。選択できるなら私は高校には行きたくない。

「学校は嫌い。だから高校には行きたくない」と言う私に、母が「なにがそんなに嫌なの？」とくり返し聞く。母のその言葉を聞いていたら、幼い頃の遠い記憶が蘇《よみがえ》ってきた。

「どうして、そんなに嫌なの？」

嫌がる私をなだめて、なんとか保育園に送り届けるのが母の日課だった。

毎朝、保育園に行きたくないと駄々《だだ》をこねる私に、母はなにが嫌なのかと何度も聞いたけれど、はっきりとはわからない。ただ、男の子たちにいたずらされるのが不愉快だったし、なによりもみんな一緒に決まった時間に決まったことをするのが窮屈《きゅうくつ》でたまらなかった。

そうだ。私は中学どころか、小学校も保育園も嫌いだったのだ。みんな一緒に同じことをするのがお約束みたいな雰囲気になんとも言えない窮屈さを感じていた。

私にとって学校（いや、保育園も）は「みんな一緒」の窮屈な場所の典型だった。そんな場所で違和感を覚えながら過ごすつまらない時間は、とんでもなく無駄なことだと感じていた。そこにいるよりはもっと楽しくて有意義なことが、どこか他にあるような気がいつもしていた。とはいえ、具体的に学校に行かないでなにをしたかったのかと聞かれてもわからない。

嫌いな学校には、これ以上は行きたくない。行きたくない理由が明確な一方、高校に行きたい理由はひとつも思いつかない。そうであれば「高校には行かない」というのが最も自然な結論だ。

しかし、これにはのんびりしている私の親もさすがに焦ったようだ。「学校が嫌いでも大学までとは言わないから、せめて高校には行きなさい」と説得され、戦後の貧しい時代に、高校に進学できなかった親戚が、どんなに苦労したかを延々と話し始めた。

いま思い返しておもしろいと感じるのは、このとき、親は「高校に行かないことで、その後の人生がどれだけたいへんになるのか」については、たっぷり語ってくれたけれど、

「高校に行ったらどんなにいいことがあるのか」についてはほとんどなにも言わなかった。まあ、当時の日本の高校教育は、親からも魅力的には見えなかったということだろう。

高校に行かなくても、大検（編集部注・２００５年度より「高等学校卒業程度認定試験」と名称変更）というのを受ければ高校をすっ飛ばして大学に行ける。なにも中学を卒業したらすぐに高校に行かなくてもいいじゃないか。後から勉強したくなったら大学に行けばいい。そうしたら高校の学費が浮くではないかと説得したが、親はそんな私の言葉に耳を貸さなかった。

私にしても高校に行かないでやりたいことがあったわけではないから、説得力はない。話しているうちに、まあ親の言うこともっともな気もしてきて、結局、しぶしぶ、本当にしぶしぶ高校受験をすることにした。

「志望校」って？

だが、ここでまた問題が起こる。志望校を決める段階になって行きたい学校がないことに気づいたのだ。私が生まれ育った当時の愛知県は、京都に並んで「管理教育」という言葉で表現される受験マシーンを育てるための教育システムが主流で、私の地元でもそういう高校が「優秀な学校」とされていた。

そんな「優秀さ」は1ミリも求めていない私は、とにかくユルそうな学校を受験しようと画策したが、当時、少なくとも私が通っていた中学校では、「志望校」というのは成績順で振り分けられており、本人の「志望」とは関係なかった。

「どの高校に行きたいか」など、そもそも迷う必要などなかったのだ。そして、私が振り分けられた高校は、よりによって、地元で最も規則が厳しい新設の進学校。まだ新しいので進学校としてのブランド力を高めようとモーレツな規則と進学カリキュラムを徹底しておこなっていた。それを聞いた私は、「絶対に、絶対に、ずぇぇーったいに！　この学校を受験するのはイヤだ！」と職員室にいる担任の先生に言いに行った。

先生は、私の言葉を聞くと下を向いて押し黙ってしまった。反応がないので戸惑いながらも、「返事がないのは了承してもらえたに違いない」と安堵《あんど》して、その場を立ち去った。

職員室を出るときに振り返ったら、先生が両手で顔を覆《おお》って泣いていた。九州男児の父を持つ私は、大人の男の人が、あんなふうに泣いているのを見たのは初めてだった。見てはいけないものを見てしまったような気持ちでソソクサと教室に戻った。

その日の放課後。私は先生を泣かしたことなどすっかり忘れて、呑気《のんき》に教室で友達とおしゃべりをしていた。人気者でいつもたくさんの友達に囲まれているようなタイプではなかったけれど、限られた大好きな友達と過ごす時間は楽しかった。そのときも、無邪気にそんな楽しい時間を過ごしていた。下校時間になり、見回りの先生が教室にやってきて、私の姿を見てびっくりしながら言った。

「なにやってるの？　担任の先生が、現在あなたの家に家庭訪問してるのよ！　こんなところにいてはダメでしょう!!」

「家庭訪問？　知らん。聞いておらんぞ、そんなこと！」

と思いながら、言われるままに大急ぎで家に帰った。

家に帰ると、ひとしきり話をすませた先生と母親が待っていた。「お前がランクを下げて受験したら、ひとつ下の学校に受かるはずだった人が不合格になってしまう。それでもいいのか？　自分勝手なことを考えず、決められた高校を受験しろ」と力説する先生。「先生がここまでおっしゃるんだから」と言う母親。「話し合い」とか「説得」とかではなく、押し切られるように私の「志望校」は本人がまったく望まない学校に決定した。

予定調和みたいな受験は、当然合格。おそらく私の中学の同級生は、全員予定通り「志望校」に合格したのだろう。

理解も共感もできずに不登校に

入学した高校では、毎週月曜日の朝礼のたびに校長先生が「この学校から国公立大学への進学者を毎年100人出す！」と選挙演説のように唱えていた。

その他の話はいっさい覚えていない。興味もないので聞いていなかった。「口角泡を飛ばす」というのは、こういうことを言うのであろうかと、熱弁をふるう先生をぼんやりと眺めながら、とにかく時間が早く過ぎてくれることだけを願っていた。

「勉強の邪魔になることはしてはいけない」という理由から、規律正しく過ごすための生活指導が事細かにおこなわれ、高校生の私には（いや、大人になった現在《いま》でも）意味がまったくわからないことで毎日叱《しか》られ、ますます学校が嫌いになった。

勉強が厳しいというどころではない。とにかく、とんでもなく間違った場所に自分がいるという感覚にさいなまれる日々だった。学校は苦痛以外のなにものでもなかった。

「1年生から必死で頑張らないといい大学には行けない。受験生は1日6時間以上寝てはいけない。寸暇《すんか》を惜《お》しんで勉強せよ」と鼻息荒くまくし立てる先生。

しかし、大学に行けないことがなぜそんなに問題なのか理解できなかったし、それを真《ま》に受けて一生懸命に勉強する同級生にもまったく共感できなかった。

生活指導と称して、髪の毛の長さが1ミリ長いと怒られ、ときには殴られ、「反省を促すため」と廊下に正座させられるのもまったく意味がわからない。髪の毛の長さが1ミリ長い（そもそも、なにを基準にした「1ミリ長い」なのだ？）のは、そんなに反省すべきことなのだろうか？

なにより困ったのが遅刻の取り締まり。規律正しさを重んじて生活指導が厳しくおこなわれる学校では、遅刻をすると罰則も厳しい。朝起きるのが苦手で、やりたくないことをしようとすると体の動きがノロノロとしだす私には、体質的にも合わない学校だ。遅刻すると真冬でも吹きさらしの廊下に正座させられたり、罰として校庭を100周走れと言われたり、とにかく面倒くさい。

そんな高校生活に辟易《へきえき》とした私は、新聞で見つけた情報を頼りに演劇活動を始めた。演劇活動といっても、タレント養成所みたいな華やかなものではなく、政治や世の中に不満を持っている人が自分たちの声を届ける手段として舞台をやっているような、どちらかというと(いや、どうみても)かなりネクラな集団だ。

会社員や公務員、教員や役者くずれなど、境遇はさまざまだが世の中に対して主張と鬱《うっ》憤《ぷん》がたまっている人たちが集まり、社会問題を議論しながら台本を考え舞台を創っていく。ここで大人たちに交ざって議論に参加するのが楽しかった。

演劇活動を通して、名古屋市立の商業高校で教師をしながら劇団を主宰《しゅさい》している久保田《くぼた》先生に出会った。好奇心あふれる子どものような目で、誰に対してもまるで昔からの友達みたいに語りかける人だ。私が通っている学校に、こういう先生はいなかった。

その頃の私にとって、「先生」というのは、変な生活指導のための校則やルールなど、まったく理解できないことを頭ごなしに押しつけ、それに対して質問すると怒る人たちのことだった。


ある日、久保田先生と話をしていたら、「きみたち高校生は、僕たち大人が知らないことをたくさん知っているんだよ」と言われた。高校生には高校生なりのすばらしい感性があるとおっしゃりたかったのだろう。いまでは、その言葉にそれほど違和感を覚えない。でも、そう言われたときの驚きというか、衝撃はいまでも覚えている。

いつも学校で「大人の言うことはすべて正しいのだから、おまえたちは言われた通りにしろ」と一方的に押しつけられていた私には、久保田先生の言葉は本当に、本当に驚きだった。学校では常に「思考停止」を強要されるような窮屈さと不自由さを感じていたため、自分をひとりの人格として扱ってもらえたことに驚き、とてつもなくうれしかった。

そして、この経験はその後もずっと、私が人と向き合うときの土台のようなものになったと感じている。

演劇活動に熱中する一方で、心にもないことはできない性分なので、学校には行く気にはならない。そこに朝起きるのが苦手な体質が加わり、朝はゆっくり起きて大幅に遅刻をするため、午前中に授業が集中している科目は出席日数が足りない。他の科目も授業に出ていないから成績も悪い。

いま思い返しても、私はいったいなぜ高校を卒業できたのだろうと不思議に思う。

そして、あれから何十年も経って、大人になったいまでも「実は高校を卒業できていなかった」という恐ろしい夢をみる。

なんとか高校を卒業できたときには、学校というものから解放された喜びでいっぱいだった。「せめて高校だけは」という親の言葉通り高校は卒業した。もうこれ以上、学校に行くつもりはない。

出席日数はあと3日足りなかったら卒業できないというギリギリの状態、成績は10段階評価で5を越えていたのは家庭科のみ。そんな私に、大学進学を期待する人など誰もいなかった。

今度は「大学には行かない」と周囲を説得する必要もなかった。もし進学したいと思っても、当時の成績では行ける大学などなかっただろう。

晴れて「自由の身」になった私は、「大学には行かないけれど、かわりに同級生が大学を卒業する22歳までは好きなことをさせてください」と親にお願いした。

フリーター生活に入る

「22歳までは」と言ってはみたものの、なにをしたいのかわからない。

あれだけ「学校は嫌いだ！　ここでは学ぶことなどない！」と言っていたのに、いざ学校という枠組みから解放されると、今度はなにをしていいのかわからなくなった。

しかし、そうはいっても、高校生のときから朝寝坊してグウタラと好きなことをする生活はしっかり身についているので、なにもしないことにそんなに違和感はない。違っているのは、校則で禁止されていたアルバイトができるようになったことくらい。

親もとで暮らし、時々アルバイトをしながら地元で演劇活動を続けてみた。いわゆるフリーターだ。自由に好きなことをしているはずの生活。けれど楽しくなかった。あんなに夢中になった演劇活動も、学校という自分を縛る存在がなくなると、なんだかつまらない。ただダラダラと日々を過ごす私に、さすがに呑気な母も「いったいこの先どうするの？」と聞いてきた。

「どうするの？」と言われても答えられない。そりゃ、そうだ。だって、自分でもわからないんだから。わからないものは答えられないのが当然だ。

でも、なにも答えないのも悔しいので、たいした考えもなく、

「これからの世の中、英語とか大事そうだから、留学とかしてみたいわー♪」

と、とりあえず言ってみた、ような気がする。ような気がする、というのは、そこで交わした会話はほとんど覚えていないからだ。でも、どうやら自分がそんなようなことを言ったということが、翌日の母との会話で判明する。

「お母さん、考えたんだけど、いいんじゃないかと思うの」

翌日、キッチンで洗い物をしていた母が、テーブルでお茶を飲みながら新聞を読んでい

る私に言った。

「なにが？」と、前日に交わした会話などすっかり忘れて、ボケッと返事をすると、

「え？　あなた、留学したいんじゃなかったの？」と母が言った。

「！！！」

このときのことは、よく覚えている。

心で「！！！」と驚きつつ、頭の中では「これは逃してはならないチャンスだ！」という妙に冷静な、あたかもお告げを受けているかのような思考が働き、

「そうよ！　そうなの!!」と言っていた。

それがまるでスローモーションで再生されているのを、もうひとりの自分が斜め上からながめているような不思議な感覚があった。普段は場違いな場所で場違いな発言ばかりしていた私が、なんだか妙に冷静に自分がここで言うべきことを明確に判断して答えているのが、我ながら不思議だった。

いまさらではあるが、あのとき、親も知らなかった驚愕の事実（？）をぶっちゃけてしまうと、私はべつに海外留学をしたいと望んでいたわけではない。自分でもどうしていい

のかわからない進路について「どうするの？」と聞かれて、なんとなく（本当になんとなく）英語が話せたらこれからの世の中は便利だろうと思い、「留学したい」という言葉が、ついうっかり口をついて出てしまったのだ。ただ、それだけ。

半年で私もバイリンガル⁉

そしてアメリカ西海岸への半年間の留学を決めた。「大学に4年間行くかわりに」ということで、半年間の留学費用を出すことに親も合意してくれた。

アメリカに発つ前夜、母から「なにがあっても、たとえ体の一部をなくしても、命だけはある状態で帰ってきてちょうだいね」と言われた。いったい、自分の娘がどこに行くと想像していたのだろうと、思い返すと笑ってしまう。

しかし、親にしてみれば、まったく知らない場所に子どもを送り出すというのは、それくらい勇気のいる決断だったのだろう。

　このとき私は、半年の留学を終えたら自分はバイリンガルになっていると本気で信じていた。いまとなっては恥ずかしいとしか言いようがない。

　ああ、どこまで甘いんだ……。当時の自分を思いっきり鼻で笑ってやりたい。若気の至りだ、世間知らずだ、常識はずれの甘ちゃんもいいとこだ！　たった半年留学したくらいでバイリンガルになれるわけがない。いや、なれるかもしれないけれど、当時の私が考えているようなネイティブ並みの英語スピーカーになることは、残念ながら不可能である。

　我ながら本当に「おばかちゃん」だったと思う。でも、それくらいおばかちゃんでなければ、後先考えずに勢いだけで留学なんてことは考えなかっただろう。だとすると、おばかちゃんであることも時にはいいことなのかもしれない。

　ちなみに、私の家族は、両親をはじめ、親戚一同を見渡しても、誰一人として英語を話す人はいない、もちろん海外に住んだ経験もない、超ドメスティック《国内的》な一族だ。だから、このとき、私のおばかちゃん度合いに気づく人が周りに誰もいなかった。これも長い目で見たら、おばかちゃんが暴走するにはいい環境、つまりはラッキーなことだったのかもしれない。

西海岸に着いて、まず驚いたのは日本人の多さだった。時代はバブルの全盛が色濃い80年代の終わり。円高のため地方から東京の大学に子どもを送るより、海外留学をさせたほうが安いとまで言われ、空前の留学ブームだった。

私が入学したカリフォルニア州立大学に付属するＥＳＬ（English as a Second Language）コースの生徒のほとんどは日本人。学校はどこもかしこも日本人だらけ、聞こえてくる言語は日本語ばかりだ。ホームステイ先のホストファミリーは、会話がほとんど成り立たない留学生につき合っている時間や忍耐力はなく、なかなか話し相手にはなってくれない。アメリカ留学で最初に直面した課題は、ホームシックでも文化の壁でもなく、英語で話す環境を手に入れることだった。

あせった。とにかくあせった。これでは「半年経てばバイリンガル」どころか、わざわざ海外に来た意味がないではないかっ！　日本人が少なそうな学校を探してみたり、なんとか現地の人と友達になろうとダンスレッスンに通ったりと、バタバタと悪あがきをしてみた。

しかし、アメリカに住んでいながら、当時の私の英語力ではアメリカ人のコミュニティーに入っていくのは難しかった。

そんなわけで、半年間の語学留学を終えて帰国したときの私の英語力は、日常会話がなんとか、本当になんとかできる程度だった。出発前に夢みたネイティブ並みのバイリンガルからはほど遠いことは言うまでもない。

またしても人生に迷う

帰国してからは、実家を離れて東京の劇団の研究所に入った。

「英語は将来役に立ちそうだ」という理由で海外留学したものの、なんの成果も得られなかった。だったら、「将来なんの役にも立ちそうもない」ものでも、自分がやりたいことを思い切りやってみたくなった。それが、高校時代にのめり込んでいた演劇を本格的にやるということだった。

しかし、劇団研究生の生活というのは、本当に厳しかった。研究生というのは、まだ劇団員ですらないので、演劇でお金を稼げるどころか授業料を払わなければならない。そして、実家を離れて東京で一人暮らしをする身では、生活費も稼がなければならない。

昼間は授業があるので、働けるのは早朝か夜だけ。私の家には「お酒の出る場所で働いてはならない」という家訓というか、暗黙のルールがあった。不登校で大学にも行かず、親にはさんざん心配をかけているという罪悪感もあり、生活のためとはいえ、ここで親の教えに背くのはなんだか気が引ける。

考えたすえ、私は新聞配達で生活費を稼ぐことにした。新聞配達をしながら劇団に通うというのは、いかにも「下積み時代」みたいで、ちょっと格好いいではないか。そんな、かなりミーハーな動機もあり、あれだけ朝起きるのが苦手な私が新聞配達で生活費を稼ぐという超朝型生活をする日々が始まった。

高校時代に演劇にのめり込んでいたときは、校則や受験勉強でギュウギュウにされる学校での生活が嫌で、劇団に行くとちょっと社会から外れた大人たちに一人前に扱ってもらいながら、政治や演劇などの議論をして、知らない世界を垣間見られる楽しさがあった。そして、台本のストーリーに描かれた人たちの人生や生活を想像して創り上げていく作業にワクワクした。あの頃、自分にとっての演劇は、知らない世界を見せてくれるものだった。

しかし、劇団研究生の生活は、住んでいる家と稽古場《けいこば》とバイト先の三角形をグルグルと行き来するだけ。世界が広がるどころか、どんどん狭くなっていく。これって私が嫌いな「窮屈な生活」ではないか？

普通なら、劇団研究生の生活がどんなものかちょっと考えればわかることであろう。でも、私は実際にやってみて、行き詰まってしまってからようやく現実に気づき「この先、家と稽古場とバイトの三点移動の生活を一生続けるのか？」と真剣に考えた。絶対に嫌だと思った。そして、1年目が終わったときに劇団の研究所を辞めた。

国際交流の会と内藤先生

さて、大学にも行かず、語学留学も実を結ばず、演劇の道もあっさり挫折《ざせつ》した私は、またまた困った事態に陥《おちい》った。団体行動が苦手で学校が嫌いになり、高校ではとうとう不登校になり、それでも奇跡的に卒業して「もう学校には行かなくてもいい」という自由な身分（？）を手に入れたのに、いざ自由になってみたら、やることなすことうまくいかず、なにをしたらいいのかさえわからない。

とりあえず愛知県の実家に戻った私は、小学生の頃に「国際交流の会」でお世話になった内藤《ないとう》先生に会いに行った。


国際交流の会というのは、子どもたちを異文化に触れさせることを目的とした集まりで、週に一度、幼稚園から高校生くらいの人たちが20人ほど集まって英語で歌を唄ったり、いろんな言語のお話のテープを聞いたりしていた。小学校1年生のある日、母親に連れられてこの集会に行った。極度に引っ込み思案だった姉を心配した母が「なんでもいいから人と交流させたほうがいい」と思ったらしい。

「なんだか知らないけど、おもしろそう！」と思った私は、「この会に入りたい！」とすぐに決断した。母が本命（？）として参加させたかった姉はしぶしぶ、番狂わせ（！）の私は嬉々《きき》として、ふたりまとめて入会することになった。

当時の愛知県には外国人なんてほとんど住んでいなかった。「国際交流の会」とはいっても、集まっているのは日本人ばかり。それでも夏休みになると、海外からホームステイするために来日する外国人がこの会を訪れた。

そして、入会した夏、私は生まれて初めて外国人を見た。「会った」というより「見た」という表現の方がしっくりくるような「国際交流」だった。「デルタさん」というアメリカ人の女性（おばちゃん）は、日本語は話せず、私はもちろん会話をすることもなく、ただ遠くから見ているだけ。

デルタさんが帰国する前のお別れパーティーでは、風船と、食べると口の中が真っ赤に染まる人工着色料いっぱいのキャンディー（でも、おいしかった）が、ひとつずつ子どもたちに配られ、お別れの握手をした。私と握手をするとき、デルタさんが一瞬、困ったような顔をして、差し出していたのとは反対の手を出した。風船とキャンディーで右手はふさがっていたので、私は無意識に左手を差し出していたらしい。これが人生で初めての握手だった。

そして、その会の中心にいたのが内藤先生だった。

このとき、なぜ内藤先生に会いに行こうと思ったのかはわからない。小学校や中学校で学校になじめず窒息しそうだった私は、この国際交流の会でたくさん空気を吸って酸素を身体に取り込んでいるような感じだった。「楽しい」と思いながら人と接する場が学校以外にあったのは、私のような不器用な子どもにはありがたいことだったと思う。

いまでもあそこでの経験は自分の原体験のように感じている。だから、行き詰まったときに、あの頃の自分を知っている人と話がしたくなったのかもしれない。

自分がなにをすべきかわからない。なんとなく海外に行ってみたい気もする。でも前回のような語学留学はイヤだ。大学にも行かず、勝手気ままに自由にやってみた成れの果てが、「なにをしたらいいのかわからない」というのは、いま思い返しても我ながらたいへん情けない話である。

内藤先生だって、久しぶりに訪ねて来られて、そんなことを言われても困ったことだろう。それでも先生は、うなだれている私に言った。

「あのね、この間うちにおもしろい人たちが来たの」

聞いてみると、それはアメリカのNPO団体が主催するプログラムのメンバーで、世界中から集まった参加者がホームステイをしながらミュージカル公演やボランティア活動をして1年間旅をするらしい。

これだ！

これなら演劇っぽいこともできるし、旅もできる。もしかしたら英語も学べるかもしれない！

22歳までは好きなことを、という親との約束もちょうどあと1年残っている。実際どんなプログラムかもよくわからなかったけれど、「これは自分にぴったり！」だと直感的に感じた。というか、情報もほとんどないのに勝手にそう思い込み、このプログラムに参加することにした。

あいかわらずの無計画さである。しかし、こんな無計画に思いつきでくだした決断こそが、いま振り返ってみると、私の人生の大きな転機となる。

ちなみに、このとき内藤先生は、私にこのプログラムを勧めようと思って話していた訳ではなかったらしい。そして、私がこのプログラムのことを知るきっかけをつくってくれたマサキさんは、自分の行動が人づてに伝わったことで私の人生が大きく変わろうとしていることなど、夢にも思わなかった。

人というのは、そんなふうに自分が全然気づかないうちに、他人の人生に大きな影響を及ぼしてしまったりするものなのかもしれない。そして、自分でも知らないうちに勝手に影響を受けた相手は、それをずっと覚えていて、後々思いがけないタイミングで自分の前に現れたりするのだ。

コラム　日本の英語教育

日本人は一般的に、英語に対する苦手意識が強いといわれる。「英語を勉強しているのに全然上達しない」という悩みもよく聞く。

先日通訳として関わったある国際会議でも、「世界に対して日本がどんな貢献ができるのか」という話題になったさいに、日本人の英語力の低さが課題だと指摘されていた。

しかし、通訳の仕事を通して世界各国の人と出会い、さまざまな場面で英語を使ったコミュニケーションを目の当たりにした経験から、じつは私は日本人の英語力は決して低くない、むしろかなり高いのではないかと思っている。

そもそも、こんなに真面目な国民が中学、高校と必修科目として英語を学び続けているのに（編集部注・2011年度からは小学5・6年生も必修になった）、レベルが低いなんておかしいじゃないかっ！　ただ、「学んだ英語」が「使える英語」になっていないだけのような気がしてならないのだ。学生時代に一生懸命に勉強した文法や、単語や、読解のために必要な知識はちゃんと頭の中にあるのに、それが実践に活かせないから「英語は苦手」となってしまう。なんとも残念な話だ。

なぜこんな残念なことになってしまうのだろう？　ひとつは、少なくともいまの大人の世代に関していえば、やはり日本の学校における英語教育の副作用なのではないかと思う。

「英語は苦手」という人に「どうして苦手なんですか？」と聞いてみると、「話したくても言葉がでてこない」と言う。さらに深掘りして聞くと、「正しく話そうとすると考え込んでしまうから」とか、「間違えるのが怖い」「気づかずに失礼なことを言っていたら恥ずかしい」などの答えが返ってくる。

多くの日本人にとって初めて英語に触れるのは学校の授業だ。学校で学ぶ科目である以上、当然のことながら試験を受ける。さらに英語は、大学入試などの受験科目にも入っている。それだけ英語が日本の教育で重視されているということだし、学校で英語を学ぶことは、いうまでもなく価値のあることだ。

ただ、ともすれば、そこで学ぶ英語は「使うため」ではなく「正しく解答して、試験で点をとる」ことが目的になってしまっている。そして、真面目な国民である日本人の多くが「正解のための英語」を一生懸命に身につけてしまったことが裏目に出て、正しさにこだわるあまり、せっかくあんなに一生懸命勉強したのに「英語を使う」ということができなくなってしまっているような気がするのだ。

英語が話せないの呪い

このあとの話になるが、私はアメリカで現地の高校や大学に入学した。日本の教育と大きく違うと感じたのは、日本の学校の勉強は「知識をつけるため」であるのに対して、アメリカでは「考える力」をつけるためのものだったことだ。高校でも大学でも、アメリカでは答えのないテーマをディスカッション《議論》する授業が多かった。

たとえば、歴史の授業は年号を覚えるための暗記科目ではなく、過去の出来事をさまざまな視点から見ることで、「現在《いま》」や「これから」に活かすことが目的だった。

「アメリカ大陸を発見したコロンブスは英雄か」それとも「その後の先住民弾圧のきっかけをつくった犯罪者か」などというディスカッションを延々とする。コロンブスは一般的には偉業を成しとげた歴史上の人物として認識されているが、それはあくまでアメリカという国に住む人たちの大部分が、いまの自分たちの視点に立って下した評価であり、弾圧された先住民にしてみたらコロンブスは恨んでも恨みきれない極悪人だろう。

同じ人物でもどちらの立場から見るかで評価はまったく違う。つまり正解がないのだ。絶対的な正解がない中で、さまざまな視点からひとつの出来事を理解し、自分なりの考えを持ち、それを表現する能力をつちかうことが学ぶということなのだ。

一方、日本の学校での勉強はあらかじめ準備された「正解」を「知識」として身につけることが目的とされる。「正解」か「不正解」か、学ぶうえでの評価基準が極めて限定されている。

自分の経験を振り返ってみると、日本の教育では考える力や持っている知識を活かすための知性を育てるより、知識をつけること（ともすれば知識を詰め込んでテストで高得点をとること）が重視されていたように思う。それが、英語を話すときには「正解」の話し方をしなくてはならないという恐怖心となり、正しく話せる自信がないので言葉がでてこないという現象を引き起こしているように思えてならない。

もったいない話だ。私は密かにこれを「英語が話せないの呪い」と呼んでいる。

コミュニケーションツールだ

では、どうしたらよいのか？　ここで、大手商社に勤務するSさんの話をしよう。

彼は、フランス語は得意だけれど、英語が苦手なのが仕事をするうえでの悩みだ。得意なフランス語を学んだ経緯を聞いてみると、フランス語圏に赴任することになり、まったくしゃべれないフランス語で仕事をする必要に迫られたからだと言う。

いちおう、現地で学校に通ってフランス語を勉強したけれど、相手の言っていることを理解することもままならない。仕事上、そんな状態で通訳しなければならないことも少なくなかった。

よくのり切れたものだと私が驚いていると、自分のフランス語力が足りないことはわかっていたので、通訳するときは事前に資料を集めて、可能であれば相手に会いに行き、なにを話す予定なのかを聞き出し、ひたすら予習を頑張った。

フランス語は苦手でも商社マンとして自分が提供できるサービスには自信があったから、とにかく勢いでのり切ったという。そんな日々をくり返していたら、フランス語での交渉は任せておけ！　というくらいの自信がついたらしい。すばらしい！

あるとき、Sさんは自分のフランス語の能力は実際どれくらいのレベルなのかと思い、プロのフランス語教師にみてもらったところ、「言いたいことは恐ろしく伝わってくるけれど、はっきり言って文法や語彙《ごい》はメチャクチャだ」と言われた。それでも仕事をするうえでは、自分の提案は相手にとってもメリットがあるという自信があるから、言語的には多少おかしかったとしてもフランス語の商談は自信を持ってできるという。

一方、なぜ英語は苦手なのかと聞いてみると、周りには英語ネイティブの帰国子女がたくさんいて、彼らの前で英語を話すと萎縮《いしゅく》してしまうらしい。オフィスで電話をしていても、英語だと周りに間違いを気づかれたり、先方の言っていることが理解できなかったらどうしようと不安になったりして、つい声も小さくなりがちだと。

「文法や語彙はメチャクチャだ」とお墨つきをいただいた（？）フランス語では堂々と話せるのに、英語になるとたんに不安になるのはなんとも不思議な話だ。学生時代、学校での英語の成績も悪くなかったし、フランス語に比べたら英語を学んだ期間の方が圧倒的に長いのに、フランス語と英語を話すときのこの違いはなんなのか？？？

さらに聞いていくとフランス語はSさんにとって、あくまでもコミュニケーションのツールであり、たとえ間違っていても意味が通じて気持ちが伝わればいいと開き直っている。それに対し、英語は「間違っていたら恥ずかしい」ものであることが判明した。

英語は自分の主張や気持ちを伝えるツール＝「言語」である前に、「正しくあらねばならないもの」となってしまっているのだ。それが英語を話す邪魔《じやま》をしていることがわかった。

Sさんには「これから英語を話すときには、フランス語のときと自分の気持ちのなにが違うのかを注意深く観察してみてください」とアドバイスをした。その結果、英語を話すときに「なにを伝えたいのか」「なにを理解しなければいけないのか」というポイントに集中するようになった。そうしたら「間違えたらどうしよう」という不安にばかり意識がいくことは減り、気がついたら英語で会話をするときにも、大きな声で堂々と話しているという。

国会議員のKさん

私がこれまで出会った人のなかでも、「学んだ英語」を「使える英語」にすることが「うまい！」と感じたのは、国会議員のKさんだ。

某国際機関のトップと会談されたさいに、「基本的に通訳は必要ないけれど、念のため同席してください」と言われた。会話はすべて英語でおこなわれ、結局、私は通訳としての出番はないままに終わることになったのだが、Kさんの英語にとても感動した。ネイティブのように美しい英語だったからではない。話し方に知性を感じたからだ。

これは通訳の仕事をするようになって身につけた一種の職業病ともいえるクセなのだが、クライアントによってどのくらい訳出すべきなのかを知るため、相手の英語力を常に観察してしまう。

ある程度の英語の聞き取りができる人には、逐一《ちくいち》訳してしまうとわずらわしい場合があるし、人によっては簡単な会話くらいは自分で挑戦したいということもある。その一方で、相手の言っていることは一言一句すべて訳してもらわないと不安だと言う人もいる。

ひと言で「通訳業務」といっても、状況やクライアントの好みや英語力によって必要とされることは微妙に違う。ここが機械の翻訳がどれだけ発達しても人間にしかできない通訳の機微だと思う。通訳たるものサービス業なので、まずはクライアントのニーズをつかむことが不可欠だ。それで、いつのまにか通訳の現場に行くと、まずは相手の英語力や会話の傾向を観察する習慣がついてしまったのだろう。

そして、私はそのときも、いつもの習慣でKさんの英語を観察していた。

Kさんがどのような形で英語を学ばれたのかは知らない。でも、そんな通訳としての習慣（職業病？）でKさんの英語を観察したところ、発音がきれいではあるけれどネイティブスピーカーではないと感じた。使う単語も比較的シンプル。ときに、言い回しなどが日本語の表現をそのまま英語にしているので、純粋に英語として聞くと不自然なところはあった。

しかし、それすらKさんの個性として魅力的に思えてしまうほど、「言いたいこと」が伝わる話し方だった。おおげさな難しい単語を使うことはいっさいなく、しかし言葉を慎重に選びながら的確に自分の考えを伝えている。自分の持っている知識を駆使して英語をコミュニケーションツールとして使いこなしている「みごとな英語」だった。

通じればいいのだ

通訳の仕事をしていると英語がネイティブでない人と英語でコミュニケーションする機会が数多くある。なかには決して英語が流暢《りゅうちょう》ではない人もいる。正直、訛《なま》りがキツすぎてなにを言っているのかよくわからない人もいる。

極端な例では、ある人（アジアのどこかの国の出身だったと思う）が話し始めたとき、あまりの訛りの強さに、私はてっきり彼が英語ではない言語を話しているのだと思っていた。しかし、よくよく聞いてみたら英語をしゃべっていたので大あわてで通訳を始めたなんてこともある。つまり、彼の英語は「まったく英語に聞こえなかった」のだ。

しかし、少なくとも私の通訳経験では、そういう人から「英語が苦手なんです」とか「私の英語はわかりづらくてすみません」などという言葉を聞いたことがない。人によってはメチャクチャ訛っているうえに、文法もかなり怪しい英語を話しておきながら、理解に苦しむ私を見て「通訳のくせに英語が理解できないの?」と言わんばかりの態度をとる人もいるくらいだ。自分の英語力に問題があるなどとは微塵《みじん》も考えない。

日本人では、そんな人にお目にかかったことは一度もない。むしろ、かなりうまいのに、「英語は苦手なので、わかりづらかったらすみません」と言うのが日本人。ああ、なんて謙虚《けんきょ》でステキな国民なんだろう。

しかし、苦手意識を持ちながらも勇気を出して英語をしゃべろうという場合は、その謙虚さは少し棚上げしておいたほうがよいのではないか。正しくしゃべる=英語力ではない。身につけた知識(それが限られたものであったとしても)を工夫しながら使い、どれだけ自分の想いを伝えられるかという総合的なコミュニケーション力が「国際語としての英語力」には求められている。そして日本人の多くは、そのための十分な英語の知識をすでに持っていると思う。

英語は「正しくあるべきもの」ではない。コミュニケーションのツールだ。自分の想いや考えを伝えるためのものだ。「正しさ」へのこだわりを手放すことで、「学んだ英語」を「使える英語」にすれば、日本人の英語力は格段にあがるような気がしてならないのだ。

「正しい英語」が「伝わる英語」ではない

これまで通訳をさせていただいた方々のなかでも、最も印象深いのがダライ・ラマだ。

ダライ・ラマの英語は、流暢なネイティブ・イングリッシュではなく、むしろ訛りも強いほうかもしれない。それでも私はお会いしてすぐに、ダライ・ラマの人としてのありかたに魅了され、そのお話に感動した。挨拶《あいさつ》するときに真っすぐに相手と向き合う姿、立場にかかわらず目の前にいる人をリスペクトする姿勢、鋭い眼光、人懐《なつ》っこく楽しげな笑顔など、言葉だけでなくダライ・ラマの存在のすべてから発せられるメッセージを感じ取ってほしいと、無心になって通訳した。そして、

「英語って、これでいいのだ」

と思った。とくに「国際語」としての英語は、なにより「伝わること」が大切なのだと。

聞き手は、しゃべっている人の話を「理解しよう」として聞いている。話し手の言葉だけでなく、話し方、目線、表情、しぐさなど、あらゆるものから相手の想いや考えを受け取り感動する。

もちろん、精神論だけで英語はうまくならない。英語に限らずなにかを習得するには努力も時間も必要だ。そして、言葉を正しく使うことはとても大切だし、日本人の言葉に対する繊細《せんさい》な感覚が私はとても好きだ。

でも、勇気をだして母国語でない言語でしゃべってみようというときには、正しさへのこだわりと間違えることへの恐れを少し手放してみることで、英語というツールがもっと自由で楽に使えるようになるのではないのだろうか。

コミュニケーションの基本は目の前にいる人と向き合うこと。相手の想いを理解し、自分が伝えたいことを自分の言葉で伝えること。

ダライ・ラマにお会いして、「人を感動させるコミュニケーション」には言葉の流暢さより、もっと大切なことがたくさんあると学んだ。

第２章
思いつきでアメリカに……もう１回の高校生活

学校に行きたい

参加したプログラムは、アメリカのツーソンに拠点を置くＮＰＯが運営していた。

毎年、世界中から集まる17歳から27歳の約６００人の参加者を５つのグループに分けて、１年間旅をしながらホームステイやミュージカル公演、ボランティア活動を通して異文化理解を深めリーダーシップ能力を学んでいくというものだった。

情報もほとんどないまま、よくわからずに参加を決めてしまったけれど、参加してからアメリカではよく知られているＮＰＯが運営している歴史あるプログラムだと知った。

共通語は英語。私が入ったグループには21ヶ国から集まる１２５人のメンバーがいた。その中で日本人参加者は私ともうひとり、そしてスタッフにも日本人がひとりいた。ここでは明らかに日本人はマイノリティー《少数派》だ。

急いでいても、疲れていても、英語でコミュニケーションをとるしかない。サバイバルイングリッシュとはよく言ったもので、私はここで生きるための英語を学んだ。いや、正確に言えば、英語が共通言語の環境の中で生きる術《すべ》を学んだ。

このプログラムが始まったばかりの頃、「きみはいつもニコニコしているね」と言われたことがある。意図的にやっていたわけではないが、言葉でうまくコミュニケーションがとれないので、とりあえず敵ではないことをわかってもらうためにニコニコしていたのだ。

みんなと友達になりたいけれど、会話に入っていけない。せめて好意を持っていることはわかってもらうために笑顔でいようと。英語が苦手でコミュニケーションの不自由な私にとっては、笑顔も重要な表現ツールだったのだ。

少しずつ慣れてくるに従って、友達もできてきた。最初に友達になったのは、スイス人やメキシコ人など英語がネイティブではない人たちばかり。英語が共通語の環境の中で不自由な思いをしている同士だから気持ちが通じやすい。「相手も英語ネイティブではない」と思うと、話していても「わからない」ということがわかっている者同士のせいか気が楽だった。そして、英語はたいへんだったけれど、さまざまな国から集まった仲間といろいろな土地を訪ねて得る経験は、本当にかけがえのないものだった。

この1年間のプログラムが終了に近づいてきた頃、またまた私はあせり始めた。参加している他のメンバーと話すと、大学を休学してきたので帰国したら大学に戻るとか、進学するとか、職場復帰するとか、結婚するとか、このプログラムに参加して人生観が変わったので、元々の計画を変更して新しいチャレンジを始めるとか、みんなプログラム終了後のプランを持っていた。

でも私にはなんの計画もなかった。また「なにをしたらいいのかわからない」状態に陥っていた。

親に「好きなことをさせてもらう」期限として約束した、22歳になっていた。でも、まだ全然「自分の道」は見えていない。高校を卒業したとき、学校に行く意味がわからないと大学には行かなかった。でも、世界中から集まった仲間と各国を旅して、60軒以上のホストファミリーにお世話になり、ボランティア活動などを通じてさまざまな人の生活を見て、自分が一番感じていたことは、意外にも

「学校に行きたい」

ということだった。

私はなにも知らなすぎる。このままでは自分がやりたいことをやることも、世の中の役に立つこともなにもできない。学びたい。ちゃんと教育されなくちゃいけない。1年間、世界を旅して人と出会い、いろいろな経験をして感じた素直な気持ちだった。

しかし、タイムリミットはすでにきてしまった。ちゃんと就職して自活できる一人前の人間にならなくてはいけない。だったら、帰国して実家に住んで働きながら、夜間の大学にでも行こうかな。お金を貯めて、いつか海外の大学に行ってみたいな。そんなことができたら夢みたいだな。

いろいろ考えてはみたものの、でもピンとこない。周りのみんなが着々とプログラム終了後のプランを立てているのを見ていたら余計に不安に駆られた。

「不安だー！　不安だー！」と口にしていたら、それを聞いたスタッフから「先の予定が決まっていないのは、すべてのチャンスにオープンだということで、それはすばらしいことだよ」と言われた。その時の私には、たんなる気休めにしか聞こえなかった。

しかし、その数日後、私はこの言葉の意味を実感することになる。

この1年間のプログラムの間、宿泊はすべてホームステイだった。1年間でアメリカ、メキシコ、オーストラリア、カナダの60都市以上を訪問したから、前述のように60軒以上のホストファミリーにお世話になったことになる。

それぞれのお宅での滞在日数はほんの数日だったけれど、あれから25年以上経ったいまも連絡を取り合っているホストファミリーがいくつもある。本当にありがたいことだと思う。

プログラムがあと3週間ほどで終了する頃、アメリカ、アイダホ州のサンバレーというスキーリゾートとして有名な町を訪問した。

ホストファミリーの家で夕飯をごちそうになりながら、私はあいかわらずプログラム終了後の進路が決められないことに「不安だー!」をくり返し、この期《ご》におよんで「これがやりたい」ということがない自分にイラついていると話した。

「私は勉強したい。このままじゃダメなことはわかっているから、ちゃんと教育されたい。でも、高校卒業後に大学に進学しなかったし、もう同年代の人たちは大学を卒業する年齢だし……」

ウジウジと話す私にホストマザーが言った。

「だったら、いまから大学に行けばいいじゃない」

さらに、

「アメリカで大学に進学すればいいのよ。経済的に問題があるなら奨学金をもらえばいいわ」

そんな壮大なことを、いとも簡単に言ってのけ、次の日、「息子が通う学校に話をつけてきたから、プログラムが終わったら、ここに戻っていらっしゃい。この家に住んで学校に通えばいいわ。絶対そうするべきよ」と言い放った。

このとき、私がこのホストファミリー宅に滞在したのは2泊だけ。その間に、このホストマザーはどこの馬の骨ともわからない外国人（私のことだ）のために、授業料免除で息子が通う学校に入学する段取りをつけ、家に住んでいいとまで言ってくれた。なんともまあ、アメリカらしいというか、アメリカ人にしても大胆というか、とにかくありがたいお話だった。

友、ありがたし。母、恐るべし

夢みたいな話だった。でも、あまりにも夢みたいな話で現実味がない。

そして、私は自分の判断に自信が持てなかった。NPOプログラムという日常から離れた環境で、異国での旅から旅への生活。毎日いろいろな人に会って共に時間を過ごし、ホームステイという形でまったく知らない人の家に滞在し、数日後にはお礼を言ってお別れする。この先の進路を決めるという大事な決断をするときに、落ち着いた生活とはかけ離れた、むしろクレージーな環境にいる自分の感覚を信じていいのかわからなかった。日常から離れて生活をしている自分が、マトモな思考で真っ当な判断ができるのかが不安だった。

冷静にその判断ができるのだろうか？

正しい決断をくだせるのだろうか？

とにかく頭の整理をしたいと思った。誰かと話がしたかった。考えたすえ、シンダに声をかけた。シンダはグループのなかでも一番年長のアメリカ人の女性で、目立つタイプではなかったけれど、落ち着いたお姉さんのような存在で私は大好きだった。

「今日のフリータイム、なにか予定がある？　できたら私にその時間をくれないかな？」

プログラム中は、毎日とにかく忙しかった。自分で自由に使える時間はほとんど無い。移動が多いし、常に周りに人がいる。滞在しているのはホストファミリーの家だから一人の時間なんてないし、やることも盛りだくさんだ。

一応、スケジュールにはフリータイムも組み込まれていたけれど、それもなんだかんだとやらなければならないことがある。たとえ10分でも空き時間があると、手紙を書く、散歩をする、昼寝をするなど、誰もが貴重な時間を惜しんでなにかせずにはいられないような生活だった。そんな中、30分のフリータイムをまるまる「私のために使って」というのは大層なお願いだった。

それでも「話がしたい」という私にシンダは快くつき合ってくれた。

当時の私の英語力は、サバイバルイングリッシュはなんとか身についてはいたものの、自分の考えをちゃんとした英語で伝えられるようなものではなかった。シンダにも「うまく話せるかどうかわからないけど、ごめんね」と最初に謝ったうえで、自分の置かれている状況を一生懸命に説明した。

ふたりで散歩しながら、たどたどしく話す私の言葉をシンダは辛抱強く聞いてくれた。時々私が言おうとしていることの意味を確認しながら、本当に熱心に話を聞いてくれた。

私は勉強がしたかった。

学校に行って勉強したいというより「教育されたい」という感覚に近いのかもしれない。いまのままの自分では全然ダメだ。教育されて、人として成長したい。英語もこんな中途半端ではなく、もっとちゃんと身につけたい。だからアメリカで大学に進学するチャンスがあるなら、それを活かしたい。

でも、帰国を心待ちにしているであろう家族をがっかりさせるのも申し訳ない。就職して自活して「一人前」になって、親を安心させなければならないのはわかっているのに、いつまでも心配をかけ続ける自分も嫌だった。

シンダと話しても結論は出なかったけれど、自分が置かれている状況と、自分の気持ちは整理できた。自分がどうしたいのか、なににひっかかっているのかがわかった。「聞いてくれて本当にありがとう。かなり混乱していたから、誰かと話したかったの。少しスッキリした」と言ったら、歩いていた足を止めてシンダは私の目をまっすぐ見た。

そして、「話す相手に私を選んでくれてありがとう。すごくうれしい」と言った。

このときのことを思い出すと、いまでもちょっと涙が出てくる。

この後、私はアメリカで大学に進学し、通訳になり、英語の勉強（いや、修業と言ったほうがピッタリくる）は、ずっと続いていく。勉強し続けたおかげで、英語も少しずつ上達し、英語というコミュニケーションツールを持てたことで、本当に多くの人と話をする機会を得られたと思う。でも、いくら英語が上達しても、このときほど相手と気持ちがつながったと感じた英語で交わした会話はないようにも思う。話している言語のレベルが、必ずしも相手と心が通う度合いとイコールするわけではないのだ。

話を戻そう。私はまだ悩んでいた。シンダに話を聞いてもらって、ある程度頭の整理はできたものの、やっぱり決心がつかなかった。

私は日本に国際電話をした。電話に出た母に、ホストファミリーからアメリカで進学することを勧められていること、でも迷っていることを話した。

「なにを迷っているの？」という母の問いに「約束の期限が切れたから」と答えたら、「お父さんも私も、いずれはあなたには大学に行くなりなんなりの教育を受けて欲しいと思っていた。だから、期限が切れても心配しなくていいわよ」と、驚くほどあっさりと返された。親との約束を破ってしまうことを真剣に心配していた身としては拍子抜けな感じすらした。

あまりにあっさりしていたので、この際だから全部吐き出してしまおうと、心にひっかかっていたことも言ってみた。

「役者修業を中途半端に投げ出したこともちょっと後悔している」

そうなのだ。実は演劇にもやっぱり未練はあったのだ。あんなに好きだったのに、やめてしまって私は後悔しないのだろうか。

すると母は「あなたが演劇に夢中になったのは、自分に合わない学校生活で持て余したエネルギーを向ける先が欲しかっただけ。そこまでこだわるべきことじゃないのは、自分でもわかっているでしょ」と、これまたあっさり言い放った。もう、これですべてスッキリした。

友、ありがたし。母、恐るべし。

23歳にしてふたたび高校生？

アメリカの新学期、９月から学生生活を始めるべく私はアイダホ州サンバレーにいた。

登校初日、ホストマザーに連れられて学校に行った。私の人生にいくつか（いや、かなりたくさん）、思い出すだけで恥ずかしい出来事がある。そのひとつが、このアイダホ州での学生生活初日に起こる。

ホストマザーが「息子と同じ学校に通えばいい」と言っていた、その学校は、こぢんまりした平屋建ての校舎が可愛らしい少人数制のプライベートスクールだ。校長先生に挨拶したあと、私が入る「Senior（最上級生）」のクラスに行って初めて気がついた。私が入学したのは高校だったのだ。

こ、高校生！！？？

22歳にして、ふたたび高校生をやるのか、私!?　気づけよー！　先に気づけよ！　いや、そりゃ、ホストファミリーの勧めで、理解が十分じゃない英語で話し、状況もよくわからないまま来てしまったのだから仕方ないといえば仕方ない。それでも、会話の途中で「ん？」と思うことは、何度かあった。アイダホ州のこの小さな町に、大学はないらしいことは気づいていた。大学がなければ、どこに行くのだ？　それになにより、ホストブラザーは高校生じゃないか？　という、当然起こるべき疑問が私の頭からは抜け落ちていた。

高校生活……嫌な響きだ。あんなに嫌いだったのに「もう1回」なんて。トホホ。

しかし、幸か不幸か、化粧もしない日本人の22歳は、ませたアメリカ人の高校生の中に入ってもまったく違和感がない。こうして私は22歳にして高校3年生をやり直すことになった。

「やり直し」とは言っても、アイダホでの高校生活は私が日本で経験したものとはまったく違っていた。

印象に残っている授業に、文学を通して近代アメリカ史を学ぶというものがある。3年生の指導担当である歴史の先生と、文学を専門とする校長先生がふたりで一緒に教えていた。歴史と文学の両方の授業なので、先生もふたり、授業も毎回2コマ分で、2時間近くかけておこなわれた。

スタインベックの『怒りの葡萄《ぶどう》』、ヘミングウェイの短編集、ボールドウィンの『次は火だ』、フィッツジェラルドの『グレート・ギャツビー』などの代表的なアメリカ文学が、課題として生徒の人数分用意される。その中から自分が担当する作品を1冊選び、時代背景や作者の人生、その作品が生まれた経緯を調べ、いまの社会に通じる課題や問題があるかなど、自分の考えをまとめて授業でプレゼンをする。そして、プレゼンをもとに先生も交えて、ディスカッション《議論》をするというのが授業の内容だった。もちろん、ディスカッションのために、全員がすべての課題作品を読んでおかなければならない。

担当する作品は、本を読むのはもちろんのこと、プレゼンのために調査したり、ベストな伝え方を必死で考えたりする。その作業をする過程で、歴史に関する理解も深まるし、作品についても熟考する。おのずと知識もついてくる。丸暗記するよりむしろ記憶に残りやすいかもしれない。

ただ、英語にハンデがある私は、正直この課題は困ったなと思っていた。すると、先生が私を呼んで「きみがプレゼンする作品はこれだよ」と、アリス・ウォーカーの『カラーパープル』を渡してくれた。スピルバーグ監督が映画化した黒人女性の人生を描いた作品だ。「映画もあるから、本が難しかったら映画を観て参考にしなさい」と先生は言った。優しい気遣いがうれしかった。当時の私の英語力では英語の本を1冊読み切るのは無理だったので、ビデオを借りてきて一生懸命に隅から隅まで観た。

丸暗記した知識は忘れてしまったら役に立たない。でも、このとき私が『カラーパープル』を読んで（正確には映画を観て）、どんなことをみんなの前でプレゼンしようかと考えたことで、人種の違いや個人のアイデンティティーについて、人が創りだす差別というものについて、女性の生き方について考えるきっかけとなった。この作品の舞台となった時代背景も少しは学んだ。このことは、私が生き方や考え方を想うときのひとつの材料として、そのあともずっと心の引き出しにしまってある。

また、自然豊かなアイダホという土地柄のおかげで、アウトドアでの課外活動も多かった。

アイダホ州のお隣のユタ州にあるキャニオンランドという国立公園に行き、学年全員で（といっても小さな学校なので十数人だ）キャンプをしながら１週間を過ごしたこともあった。

電気もトイレも水道もない。飲み水は水たまりにたまった雨水をろ過して確保するしかない。砂漠で歩き回ったあと、喉《のど》が乾いて飲む雨水は信じられないほどおいしくて、「水よりおいしい飲み物なんてない！」と、ジュースやコーラを普段飲んでいる自分をばかばかしく思った。

１週間のうちの一晩は、みんなバラバラになり、離れた場所でテントを張って静寂《せいじゃく》のなかで自分と向き合いながら過ごし、考えたことを作文にするというようなこともした。

水道や電気や車など、あたりまえだと思っているものがまったくない場所での生活を経験したあと、家に帰って水道の蛇口をひねると水が出てくることに違和感を感じたのをよく覚えている。

クラスメイトの中には株に投資している子もいた。図書館で新聞の同じ面を毎日見ているので、「なにしてるの?」と聞いてみたら、株価をチェックしていると教えてくれた。勉強のために株を保有することを親に勧められ、元手となるお金をあたえられたという。いまでこそ、日本でも子どもの頃から金融市場の仕組みを学ぼう!みたいな動きがあるが、当時の日本では現役の高校生が株に投資するなど聞いたことがなかった。

アイダホで実際に高校生活を過ごしてみて、あらためて日本での自分の高校時代をみじめに感じた。「私の青春時代を返せー!!」と本気で思った。勉強することはなにかを丸暗記することだと勘違いし、学校というのは窮屈な校則に縛られる場所だと信じていた日本での学生生活ってなんだったんだろう?

一方で、「英語の壁」はやはり大きかった。

NPOプログラムに参加した1年間、英語環境に放り込まれたおかげでサバイバルイングリッシュというか、英語環境で生き抜くためのコミュニケーションはなんとか習得していた。しかし英語を使って学ぶのは、これが初めての経験だった。

学ぼうにも、とにかく教科書を読んでもさっぱりわからない。生物の授業で、クローン技術に関する記事を読んでレポートを書く宿題が出たときには、本当にまいった。科学系の英単語などまったく知らない。記事を読むためにほとんどすべての単語を辞書で調べなくてはならないような状態で、クラスメイトが10分くらいで読み切っていた、たった1ページの文章を理解するのに私は7時間かかった。そしてその後、涙ぐみながら睡魔と闘って徹夜でレポートを書いた。

当然といえば当然のことだ。サバイバルする（英語環境の中で生活する）ための英語力と、学ぶために必要とされる英語力は全然違う。NPOプログラムの生活でも日々「英語との闘い」はあったけれど、学校に入ってからの「闘い」とはまったく種類が違った。「ニコニコしていること」もコミュニケーションの大切な手法だと思う。でも、いくら高校生といえど（そして、それが2度目の高校生活であっても）、当然のことながら宿題のレポートを書くのに「ニコニコしている」だけでは許されない。「読むこと」と「書くこと」のための単語力、文法、文章を理解するために必要な読解力の基礎や、文章を書くための表現力など、必要とされる英語能力は会話のスキルとは違う。このときの私には「英語で学ぶためのスキル」が絶対的に欠けていた。

立ちはだかるTOEFLの壁

私の「もう1回」の高校生活で、もうひとつの大きな課題となったのがTOEFL《トーフル》だった。当時のTOEFLのスコアでは、英語が母国語ではない人がアメリカの大学に入学するためには、目安としてアイビーリーグのトップスクールで600点、普通のレベルでは550点が必要とされていた（編集部注・TOEFL PBTのこと。現在の日本国内ではTOEFL iBTが採用されており、スコアの換算方式が違っている）。

それまでTOEFLなど受けたことがない私にとっては、これは目の前に立ちはだかる本当に大きな壁だった。

アメリカで英語を学び、そのあと大学に進学し、大きな発見として自分でも驚いたのは、学ぶことの楽しさだった。小学校から高校まで、一貫して学校嫌いだった私は、ずっと自分は勉強が嫌いなのだと思っていた。でも、嫌いだったのは詰め込み式の勉強と団体行動での理解できない規則を押しつけてくる学校という制度であって、じつは新しいことを学ぶのが大好きであることを知った。

しかし、学ぶことは好きでも、自分の知識を試されるのは、やっぱり嫌いだ。それはさまざまな経験をした現在《いま》でも変わらない。「学ぶことは好き」でも「試されるのは嫌い」。そんな私が、試験で高得点をとることが目標みたいなカリキュラムで動く日本の学校で「つまらない」と感じたのは、ある意味当然だったのかもしれない。

TOEFLでスコア獲得を目標に勉強するのも、やはりつらかった。しかし、TOEFLのスコアをクリアしなければアメリカで大学に進学することは叶わない。英語での勉強に四苦八苦する高校の授業と同時に、大学に進学するためには、なんとしてもTOEFLで必要な点数をとらなければならないという課題があった。

猛烈に勉強した。

授業もたいへんだったけれど、大学進学の話が具体的になってきたアイダホ州での高校生活の後半は、寝ても覚めてもTOEFLのことを考えて寸暇《すんか》を惜しんで勉強した。この「寸暇を惜しんで勉強せよ」というのは、日本での高校生活でくり返し先生に言われた言葉だ。

1日6時間以上の睡眠はとるんじゃない、正月休みもダラダラするな、受験生たるものトイレに行く時間も惜しんで「勉強せよ」と。

そのときは高校教師というのは、なんとつまらないことを言うのだろうとバカにしていた。それを22歳にもなって、もう1回やり直すことになった高校生活の中で実践するはめになった。

日本での学生時代、私はテストの点数など気にしたことがなかった。だから、試験で点数をとるための勉強をしたのはこれが初めてだった。アメリカで大学に進学するという大きな目標が遠くにあり、そのためにTOEFLで必要な点数をとるという目の前の目標があった。テストのスコア《点数》を上げるために努力をする作業は、けっして楽なものではないけれど、大きな目標があるから頑張れた。

必死になってTOEFL攻略のための勉強をすると、元々の点数が低かったこともあり、練習問題の点数がどんどん上がる。それがおもしろくてまた頑張る。学んで英語力を身につけているというよりは、ほとんどゲーム感覚だった。

じつは、好きか嫌いかと聞かれたら明らかに嫌いではあるが、こういう詰め込み式の勉強方法がまったくムダだとも思わない。猛勉強を始めて数ヶ月経った頃、ある日英語で会話をしていたら「あ、楽になっている」と感じた。TOEFLの点数を上げるために必死で覚えた単語や英文法は、実感はなくても確実に自分の力にはなっている。だから、試験の点数を上げるための詰め込み式勉強法がムダなわけではないし、努力したら必ずなんらかの成果が出るのが語学だと思う。ただし、こういう勉強法でモチベーションがずっと持続するのかといったら、それはおそらく難しいだろう。

TOEFLを受けたのは、たしか2月の初め頃だったと思う。私が住んでいたサンバレーという小さな町では試験は開催されないので、一番近くで受けられる場所を調べたら、車で1時間半ほど行った町で受験できることがわかった。サンバレーは山に囲まれた谷あいの町で、冬は大雪に見舞われることも多い。吹雪になると試験会場に行けなくなるので天候を心配した。あんなに必死で勉強したのに天候のせいで試験が受けられなくなることだけは絶対に嫌だった。試験当日、起きてみたら前夜にパラついていた雪は止んでいた。これなら試験会場に行けると、とりあえず安堵《あんど》した。

試験会場まで公共の交通機関はない。この日は平日だったのでホストファミリーは仕事に行かなければならず、ホストマザーの友達が車で送り迎えをしてくれることになった。このとき初めて会う人だったけれど（そして、その後は一度も会っていないけれど）、とても優しく接してくれた。前日までは吹雪を心配して「結果はともかく、試験だけは受けたい」と思っていたはずなのに、受けられるとわかったとたん、よい結果を出したいと思った。大学の入学手続きに間に合うためには、次回の試験まで待てない。なんとしても、今回よいスコアを出さなくてはならない。

試験会場へ向かう車のなかで緊張して黙り込んでいる私を見て、送迎をしてくれたホストマザーの友達が、「緊張してるの？」と話しかけてきた。「すごく緊張してる。失敗はできないから」と答えると、「試験って嫌だよね。私も大嫌い。でもね、試験って『よい点数をとろう』って考えがちだけど、本来の目的は自分の能力がどれくらいのレベルかを測るためのものでしょ。『私はこれくらいのことを知っているんですよ』って教えてあげるような気持ちで受ければいいんだと思うの」と言う。
たしかにそうだ。自分が持っている運を振り絞って奇跡のハイスコアを願っていた私は、その言葉を聞いてフッと肩の力が抜けた。

進路指導のロブがかけてくれた電話

しかし、数週間後に送られてきたTOEFLの結果はかなり残念なものだった。最低でも５５０点、できれば６００点になるべく近いスコアを目指していたのに、このときの点数は５３０点台。これまで聞いていた話だと、大学に入学するのはかなり厳しい。しかも奨学金をもらうことが必須の立場としてはさらに厳しい。絶望的な気分だった。

ところで、これは後からわかったことだが、私が2度目の高校生活を送ったアイダホ州のサンバレーという町に住んでいるのは裕福な人が多く、その子どもたちが通うこの高校も卒業生のほとんどがアイビーリーグ系の大学に行くような、かなりのエリート校だった。そして、進路指導をしてくれたロブという先生は、私をアイビーリーグなどの名門校に入学させることを目指していたようだ。

私自身はアイビーリーグだの名門大学だのを目指しているわけではなかった。そもそも「アメリカで大学に進学する」という考え自体が、まるでひょうたんから駒のように、ある日突然降ってわいたものだ。半分夢を見るような気持ちで頑張ってきて、頑張るうちにアメリカで大学に進学するということが少しずつ現実のものとして感じられるようになってきた。そうしたら人間は欲がでてくるもので、今度はどうしても実現したいと思うようになった。

進学する大学の条件はふたつ。私でも入学できることと、奨学金がもらえること。学校のレベルにこだわる気はない。アイビーリーグである必要も全然ない。

ただ、ロブが私をアイビーリーグ系の学校に入れようとしていた理由は、単に「よい学校に入れてあげたい」というだけではなかった。じつは、いわゆる名門校のほうが、奨学金がもらえる可能性が高いらしいのだ。

アメリカには公立、私立含めて無数の大学がある。当時アメリカのすべての大学の情報を載せたカタログがあったが、電話帳みたいに分厚い。それくらいたくさんの大学があるのだ。このカタログには、各大学の所在地、創立年、学部、生徒数、授業料などの基本情報が載っている。

それを見ると、アイビーリーグなどの一流のプライベートスクールは一番学費が高く、州立大学は比較的安い。ただし、州立大学の学費は、その州に住む人（日本でいう住民票がある人）には安く設定されているものの、州の居住者でない人は私立大学並みの授業料が課される。場合によっては、留学生はさらに授業料が高くなり、一流のプライベートスクールと同じくらいの授業料になることもある。

一方、アイビーリーグ系の学校は、元々の授業料は高いが、学校の財政状況に比較的余裕があるので優秀な学生には奨学金を出す。学校の価値を上げると見なされる生徒には奨学金を出してでも獲得しようとする傾向があり、留学生は大学にダイバーシティ（多様性）をもたらす、つまり学ぶ場としての大学の価値を高めるという理由から奨学金が出るケースも多いらしい。

ちなみに州立大学は、留学生が奨学金をもらうのはほぼ不可能とのこと。これはすべてロブからの情報だ。現在《いま》は状況がまったく変わっている可能性もあるし、当時も実際はどうだったのかはわからない。でも、ロブが「TOEFL６００点を目指せ。アイビーリーグの学校に行くぞ」と言っていたのはそういう理由からだった。

しかし、TOEFL５３０点台では、アイビーリーグで奨学金をもらうどころか入学も難しい。困った事態に陥った。ロブは長年進路担当をしてきた人脈をフルに活用して、私が必要としているふたつの条件、「入学できること」「奨学金を出してくれること」を満たしてくれそうな大学を探してくれた。そして、アドミッション（新入生募集）担当者の感触がよかったふたつの大学を紹介してくれた。

ひとつはニュー・イングランド大学という東海岸のニューハンプシャー州にある小さな私立の学校で、アットホームで小さな学校ながら国際色豊かな校風にしたいと、留学生を積極的に入学させているらしい。そして必要であれば留学生に対しても奨学金を出すということだった。

そして、もうひとつは、ペンシルベニア州にあるラファイエット大学。学校のレベルでいえばラファイエット大学のほうが上だが、TOEFL の点数からいっても、奨学金を出してもらえるかどうかは微妙と言われた。とりあえず私は両方の大学に願書を送った。

アメリカの大学の入学試験は、日本と違って志願者が一堂に集まって試験を受けるわけではない。学校にもよるが、エッセイと、高校の成績、課外活動や社会貢献活動の経験を書いたレポート、先生からの推薦状、そして留学生の場合はTOEFLのスコアを郵送で提出して審査される。私の場合は、これに奨学金の申請書も一緒に提出した。

結果は願書を出したふたつの大学ともに合格。ただし、ラファイエット大学は「残念ながら奨学金は出せない」という回答だった。もうひとつのニュー・イングランド大学は奨学金がもらえるという。選択はひとつしかなかった。

ニュー・イングランド大学に行く。それを伝えるためにロブのオフィスに行った。「とにかく行ける学校が見つかってよかった」とロブが言った。そして、「きみが行く大学は、正直言ってアイビーリーグのような充実した学校ではない。もしかしたら、英語がもう少し上達したら、もの足りなくなるかもしれない。そしたら入学した後でも学校をかわることもできる。アメリカでは入学してから途中で大学をかわる人は少なくないんだよ。それはきみの頑張り次第だから」と話してくれた。

これから先の大学生活を思い、私がよっぽど不安そうな顔をしていたのだろうか、ロブは時計を見ると「まだ間に合うか」とつぶやいて電話をかけた。どうやらアイダホとは2時間ほどの時差がある東海岸に電話をしているらしい。会話の内容から電話の相手はニュー・イングランド大学の担当者であることがわかった。私の入学を認めてくれたこと、奨学金を出してくれることへのお礼を言った後、「ケイコは英語力にはハンデはあるけれど、ここでの1年間の様子を見れば大学の勉強についていけることはわかります。英語は大学で勉強しながらさらに伸びるでしょうし、努力家だから絶対に大丈夫です。よろしくお願いします」と私のアイダホでの暮らしぶりを丁寧に説明しながら、だいじな生徒だからよろしくお願いしますと何度もくり返していた。

隣で会話を聞いていた私は泣けてきた。恥ずかしいからうつむいたら赤いTシャツにぽつぽつ涙のシミができた。なんでこの人、なんの得にもならないのに縁もゆかりもない外国人の私にこんなに親切にしてくれるんだろう？　そう思ったら、ありがたくて涙が出た。

ロブだけではない。NPOのプログラムで2泊だけお世話になった私に「アメリカで大学に行けばいいじゃない？」と勧めてくれたホストファミリーも、ひょんなことからもう1回やることになった高校の先生たちやクラスメイトも、サンバレーの町に住む人も、そしてこの後に大学に進学して出会った多くの人も、本当にみんな「なんで？」というくらい親切にしてくれた。

「アメリカ人はみんないい人」などと言うつもりはない。でも、アメリカという国が持つ、無邪気さと懐《ふところ》の深さが、「どこの馬の骨かもわからない」私という人間を受け入れ、大きなチャンスをあたえてくれたのだと思う。ただ、そんな無邪気さも9・11の同時多発テロやその後の国際情勢によってずいぶんと失われてしまったように思う。とても悲しい。

アメリカでの高校生活で窮地に陥《おちい》ったと感じたことは何度もあった。英語で勉強するのは楽ではなかったし、TOEFLだって望み通りの点数は取れなかった。22歳にもなって高校生に交じって勉強するのが（しかも英語のハンデで自分よりずっと年下の子たちに絶対に勝てないのが）嫌になったことだってある。それでも「あきらめて日本に帰ろう」と思ったことは一度もない。あれはやはり周りの人たちの楽観的な気質と「なんとかなるはず」という前向きなサポートがあったおかげだと思う。

コラム　なぜ英語を学ぶのか?

ひょんなことからアメリカで高校に通うことになり、「英語を学ぶ」ということと「英語で学ぶ」ということには圧倒的な違いがあると思い知った。

私の英語との格闘は、この後もずっと続くことになるのだが、アメリカで学校に通っている間は、「英語で学ぶ」ために足りない力を補足すべく同時進行で「英語を学ぶ」という作業が続いた。

日常会話もままならず、英語環境でサバイバルするために四苦八苦していたときは、不自由な言語の中で生活するためのスキルを身につけることが最優先だった。しかし、学校に通い、英語で学ぶには単語力や読解力など、生活するための英語とは異なる力が必要となる。「話す」と「読む」「書く」は、相互作用はあるものの、同じ「英語力」といっても種類が違い、力を伸ばすために努力すべきことも違うのだ。どちらの場合も「英語がうまくなりたい」という想いは同じだったが、勉強の仕方や努力の方向性はまったく異なっていた。

英語を学ぶ目的は？

通訳という仕事をしているせいか、「どうしたら英語がうまくなれますか？」という相談をよく受ける。相談されたら「なぜ英語がうまくなりたいんですか？」とあえて質問してみることにしている。

「英語がうまくなりたい」と漠然と考えるのは、ぼんやりと「幸せになりたい」というのと似ている気がする。「幸せになる」という意味が、ある人には大金持ちになることかもしれないし、別の人にとってはにぎやかに孫に囲まれて日向ぼっこをする日々を送ることかもしれない。

まずは「自分が望む幸せ」はなんなのかを明確にしなければ、的外れな目標に向かってしまいかねないし、そもそもどこに向かって努力すればよいのかもわからない。

英語も同じことだ。「英語を学ぶ」といっても、「なんのために英語を使いたいのか」によって、リスニングを強化すべきなのか、文法をしっかり理解すべきなのか、単語をたくさん覚えなくてはならないのか、文章の読解力を鍛えるべきなのかなど、目指すことも変わってくる。

もちろん、相乗効果はある。それは私自身、TOEFLのスコアを伸ばすための猛勉強をしたあと、日常会話が楽になったことで実感した。では、それならTOEFLの試験勉強をずっと続ければ「自分に必要な英語力」が身につくのか? と問われると、それは「No」だ。具体的に英語のどの部分を伸ばす必要があるかは、つまりどんな勉強をするかは、英語を使いたい目的によって異なってくる。

その時々で「自分にとって必要な英語力」がなんなのかを見極めて伸ばすことが大切だと思うし、そのほうが成果も感じやすいのでモチベーション維持にもつながる。

TOEIC《トーイック》で高得点を取ってもイマイチ英語を使いこなせないという悩みを多くの人が抱えるのも、そんな理由があるように思う。TOEICで高得点を取ることが目標設定として間違っているとは思わない。しかし、そこで学んだ英語をなにに使うのか、自分の生活で、人生の中で英語というものをどう役に立てるのか、ということが明確でなければ、試験が終わり高得点を取ったという「記録」は残っても、実生活に使える英語力は残らないという結果に陥る。

「ネイティブ信仰」の呪縛

漠然と英語を学ぶ人に見られる傾向のひとつに、「ネイティブ信仰」のようなものがあるように思う。「講師はすべてネイティブスピーカー」をうたい文句にしている英会話学校、「ネイティブ並みの英語力」など、日本人が英語について語るとき、「ネイティブ」という言葉をよく耳にする。しかし、思い切って言ってしまうと、ネイティブスピーカーを目指すことは、日本人が英語を学ぼうとすることにおいて障害以外のなにものでもない。

かくいう私も、じつは「ネイティブ信仰」を長年捨てられないでいた。ずっと、なんとか「ちゃんとした英語」を話したいと思っていた。そのとき私が思い描いていた「ちゃんとした英語」とは「ネイティブイングリッシュ」のことだ。

あるとき、アメリカの大学で何十年も教えていらっしゃる日本人の先生に相談した。

「私、いつまでたっても英語がダメなんです。いったいいつになったら、ちゃんとした英語を話せるようになるのでしょう?」

しょんぼりする私に、その先生はあっさり言った。

「ちゃんとした英語を話すという意味がネイティブスピーカーになるということでしたら、それは一生かかっても無理ですよ。いいですか、人類始まって以来、2ヶ国語で詩が書けたのはひとりだけなんです。『ゴドーを待ちながら』という戯曲を書いたサミュエル・ベケットという人を知っていますか?

彼は唯一、英語とフランス語の2ヶ国語で詩を書いた天才です。でもそれ以外にはそういう人はいません。本当の意味で言語に精通するというのは、それくらい難しいものなんです。

私だって、もう何十年もアメリカの大学で教鞭《きょうべん》をとっていて、ありがたいことに勲章までいただきましたが、いまでも自分の英語が完璧だとは思いません。それに対して、アメリカで生まれ育った私の子どもたちは間違いなくネイティブの英語スピーカーです。ときどき私も英語を直してもらっているくらいです」

日本で不登校だった高校時代、学校に行かずに演劇活動をしていたおかげで『ゴドーを待ちながら』は、かろうじて知っていた。登場人物も舞台セットも最小限の、やたらと難しい芝居だったとおぼろげに記憶している。

その作者のベケットが人類始まって以来、唯一無二の2ヶ国語で詩を書けた人なのかどうかまでは知らなかった。いや、じつはいまでもそれが本当かどうかは正直よくわからない。

ただ、ここで大切なのは、その話のおかげでいい意味であきらめがついたというか、「一生懸命英語を学んでいるのにネイティブスピーカーからほど遠い私」を嘆くことはなくなった。何十年もアメリカの大学で教えている立派な教授が「無理だ」と言うんだから、「後天的ネイティブスピーカー」になるのは無理なんだろう……。

でも、ネイティブスピーカーでなくても、その先生がみんなに尊敬されるすばらしい教授であることにはなんの変わりもない。むしろ、英語のハンデを背負いながらも尊敬される人気教授であることに、より畏敬《いけい》の念を深めた。すばらしい教授であるということと、ネイティブスピーカーであるということは違うと気づいたら、ネイティブスピーカーを目指すことに、あまり意味を感じなくなった。

標準語ネイティブ

ネイティブスピーカーということについて、もうひとつ。

私は愛知県で生まれ育った。いってみれば「名古屋弁のネイティブスピーカー」だ。つまりは「標準語ネイティブ」ではない。高校を卒業して劇団の研究所に入ったときに、地方出身者は訛りを直して標準語で話すように言われた。

役者たるもの、きちんとした日本語を話せなければならないし、舞台の上で感情が高ぶった勢いで思わず台詞《せりふ》がお国言葉になったりしたら、観客も一瞬にして興ざめしてしまう。ごもっともだ。そして私は一生懸命努力をして、標準語で話す習慣をつけた。

本当に一生懸命頑張ったので、標準語が自然に話せるようになった。しかし演劇の道をあきらめ、その後の海外生活の間、私が日本語を話すのは主に実家に電話して家族と会話をするときだけ（当然、名古屋弁で話す）という生活が何年か続いたら、瞬く間に名古屋弁が戻ってきた。帰国した頃には、話をするとすぐに「ご出身はどちらですか?」と聞かれた。つまり、訛っていたのだ。

そのあと、通訳学校に通い放送通訳を目指したときに、練習のために自分の通訳を録音して聞いてみたことがあった。通訳技術以前に、自分がしゃべる日本語のみすぼらしさに落胆した。聞くに堪《た》えないとはこのことだ。こんな聞き苦しい日本語を、私はしゃべっていたのかとあまりにショックだったので、「人前で話しても恥ずかしくない日本語を身につけよう」と、アナウンス学校に通ってみた。

ここで私が最初に指摘されたのは、発声よりも滑舌《かつぜつ》よりも、イントネーションの不正確さ、つまり訛りだった。劇団の研究生時代にあんなに練習したのに、訛りは根深く私のなかに残っていた。イントネーションが違うと意味が変わる言葉が日本語にはたくさんある。通訳やアナウンサーなど、言葉を使う職業には大問題だ。

一度は克服したはずの訛りが戻ってきてしまったことにショックを受け、落ち込んで先生に相談した。

そこで言われたのが「厳密に言えば、訛りを完全に正すのは三世代かかる」ということだった。つまり、たとえ標準語地域で育っても親が訛っていたら子どもも訛る。子どもが訛っていたら、その子どもも訛る。まったく訛りのない子を育てようとしたら、標準語地域で訛りのない親に育てられなくてはならないというのだ。

たとえば、私が東京で子どもを育てると、私の子どもは標準語を話すけれど、名古屋弁を話す私のアクセントを多少は身につけてしまうので「完璧な標準語ネイティブ」とはいえない。私の子どもが標準語を話しながら標準語地域で子ども（つまり私の孫）を育てて、ようやく「完璧な標準語ネイティブスピーカー」になれる。

これには思い当たることがあった。東京で生まれ育った私の友人。初めて会ったときから彼女と話すと妙な安心感があった。そして家に遊びに行って、その謎が解けた。お母さんが愛知県出身で、コテコテの名古屋弁をしゃべっていたのだ。

東京生まれ、東京育ちのその友人は、標準語を話す。しかし、注意して聞いているとお母さんの影響か時々アクセントが名古屋弁風になる。名古屋弁がお国言葉の私にとっては、それが安心感につながっていたのだ。つまり、標準語圏で育っただけでは標準語ネイティブにはなれない。標準語ネイティブの親に標準語圏で育てられて初めて正真正銘の「標準語ネイティブ」が生まれるのだ！

私が劇団の研究生時代に訛りを克服したと思ったのは、訓練したおかげで頑張って気をつければ標準語のイントネーションで話せるということであって、「標準語ネイティブ」になったわけではなかったのだ。

人類始まって以来の唯一無二のバイリンガル詩人ベケットのストーリーのデジャブのような話を聞かされて、一瞬目の前が真っ暗になった。いまから努力し始めても、「完璧な標準語ネイティブ」は孫の代まで不可能なんてあんまりじゃないかっ！

でも、言葉というのは厳密に突き詰めていくと、それくらい繊細なものなのだ。そして、このとき私はネイティブスピーカーというものへのこだわりをすっかりあきらめた。というか、どうでもよくなった。なーんだ、私ってば母国語である日本語だって標準語ネイティブじゃないんだと思ったら、英語の「ネイティブ信仰」の呪縛《じゅばく》からは完全に解放された。

英語ネイティブではない友達

ＮＰＯプログラムに参加して四苦八苦しながら英語で会話をしていた頃、仲のいい友達はスイス人やメキシコ人など、ほとんどが英語ネイティブでない人たちだった。お互い英語で苦労している者同士、感覚的にその苦労がわかるというか、まあ言ってみれば傷を舐め合うようなところもあったのだろう。

お互い英語は不自由。でも共通言語は英語しかないから英語で話す。笑ってしまったのが、スイス人の友達と話していたときのこと。「果物が熟している」ということが言いたいのだけれど、お互いに「熟す（ripe）」という単語を知らない。

「うーん、なんて言う単語だろう？　言ってることはわかるよね？」

「うん、あの表面が赤くなったりすることだよね？　でも私も単語は知らない」

とひとしきり言い合ったあと、

「まあ、いいや。言ってみればmature（「成熟する」の意味）な果物ってことだよ」と、会話を続けた。

当時はNPOの国際交流プログラムで同年代の人が大勢集まる環境にいたので「He is mature」（彼は大人だね）などという言葉を聞く機会が多く、「mature」が成熟するとか、大人になる、みたいな意味であることはなんとなく知っていた。だから、「ま、果物だけど『大人になってる』みたいなことだよ」と会話を続けた。

お互い、その単語で正しいのかどうかの確信はなかったけれど、「通じた」ことも事実。なぜそんな話をしていたかも忘れてしまったけれど、私とそのスイス人の友人が楽しく会話をしたことだけは確かだ。

自分の経験を振り返っても、英語を学び始めたばかりの人は、むしろネイティブでない人と話す方が心理的な負担が少ない気がする。英語を話そうとすると身構えてしまうという人には、まずは英語ネイティブでない外国人を相手に、「お互い完璧でない英語」でたくさん会話をすることをぜひお勧めしたい。

目指すべきは「国際語」としての英語

英語が苦手なのに、英語でスピーチやプレゼンをしなければならない、どうしよう?という相談を時々受ける。一番お勧めしない（!）のが、ネイティブスピーカーのすばらしいスピーチを参考にすることだ。

歴史に残る英語の名スピーチを題材にした教材は多い。音声とともに学べるCD付きのものもたくさんある。かくいう私も「アメリカ大統領の就任演説集」みたいな教材が、家にゴロゴロしている（そしてまったく手をつけていないものもたくさんある）。

実際、すばらしいリーダーはすばらしいスピーカーであることが多いから、こういう教材は学べることもたくさんある。しかし、よほど英語に自信がある人でない限り、自分の英語スピーチのお手本にするのは、ネイティブスピーカーではない（!!）人のスピーチをお勧めしたい。

英語でスピーチをするなんて、それだけでビビってしまう（少なくとも私はビビる）。そんな時に、ネイティブスピーカーのすばらしいスピーチを聞いたら、どうなるのか。「こういうスピーチをしよう！」と前向きになれる人はいい。でも多くの場合は、「自分はこんなふうにはできない」と、さらにビビるだけだ（少なくとも私はその部類の人間だ）。

英語ネイティブでない我々が目指すべきは、「国際語としての英語」を磨くこと。そして、そのためには、ぜひネイティブでない人のすばらしいスピーチを聞いてほしい。彼らが英語の巧みさではなく、表情や、声のトーンや、身振り手振り、存在感のすべてを使って、どんなふうにメッセージを伝えているのかを研究してみると本当に学ぶことがたくさんある。

数年前のダボス会議のビデオを観ていて、アリババ創業者のジャック・マーのスピーチに惹《ひ》き込まれた。生い立ちから、起業、自分がどのような夢を描き、今後どんなふうに世界に貢献したいかなどを盛り込んだストーリーに魅了され、私はすっかりファンになってしまった。

とにかく話が興味深くおもしろい。ビデオに映っている観客も明らかに彼の話に惹《ひ》き込まれている。ジャック・マーは中国人。英語はうまいけれどネイティブではない。訛りもある。英語は、若い頃に中国を訪れるアメリカ人観光客のガイドを買って出ることで学んだらしい。

私がこのビデオを観て、ジャック・マーのスピーチに魅了されたとき、彼が英語のネイティブでないことや訛りがあることなどまったく考えていなかった。彼の英語のレベルなんて、観客は誰も気にしていない。

ジャック・マーが全身で語る話を聞きたい、理解したい、なぜこの人が成功し、いまこうして大勢の人の前で語る立場にいるのかを知りたいのだ。だから、観客も必死で彼の言葉を理解しようとする。そして感動する。

英語ネイティブの話し方を分析してアドバイスする本などはたくさんある。「英語で話すときはジョークのセンスが大切」など、丁寧に説明したものは参考にはなる。しかし、ネイティブではない人が一生懸命アメリカ人のマネをして、とってつけたようなスラングを使ったり、ジョークを言ったりしても、「寒い」だけだ。

それは、その人自身から出てきた本物の言葉ではないから、たとえジョークでも違和感があって「寒い」のだ。それよりも、自分の言葉で、自分の英語のレベルで、伝えたいことを真摯に真剣に伝えた方が、絶対に伝わる。ネイティブスピーカーのマネをして無理してスラングを使ってジョークを言ったりするより、よっぽど笑いも取れるだろう。

国際語としての英語はネイティブスピーカーを目指すことじゃない。自分らしくクリエイティブに話す方法を模索している人には、ぜひネイティブスピーカーではない人のすばらしい英語のスピーチを参考にすることをお勧めする。

第 3 章

勉強がしたかったのだ
……大学生になる

ついに！　大学生になる

1992年9月、私は晴れてニュー・イングランド大学の1年生となった。

ニュー・ハンプシャー州のヘニカーという小さな町にある私立大学。小さな町の一角に大学の施設が点在し、「キャンパス」と呼ぶのも躊躇《ちゆうちよ》してしまうような小さな学校だった。それでも、ここは大学だ。なんと！　私はアメリカで大学生になってしまったのだ!!

授業初日の前夜。床に入ってから、「アメリカで大学生になってしまった」実感がわいてきて急にビビり始めた。勉強についていけるだろうか。頑張って、周りの人に支えられて、運よくここまでやってきたけれど、本当にアメリカの大学なんかに入学してしまって大丈夫なのだろうか。

考えたら本当に怖くなった。せっかくここまで頑張ってなんとか入学できたのに、授業についていけなかったらどうしよう。無計画な割にじつは心配性の私は、あれも、これもと不安の種を思いついては半ばパニックに陥った。

そして、ひとしきり心配したあと、ふと思った。そもそもアメリカの大学に入学するなんて夢にも思わなかったことだ。夢にも思わないことが実現してここにいるんだから、この先のことだってわかるはずがない。勉強についていけずアメリカでの大学進学は失敗に終わるかもしれない。そうなったら、親やこれまで応援してくれたアイダホの人たちに「ごめんなさい」って謝ろう。失敗したときには謝る以外には言い訳もなにもできないくらいに、後悔の余地なんか1ミリもないくらいにトコトン頑張ってみよう。

なんだか弱々しいが、私なりに腹をくくった。というか、開き直った。

こんなに不安いっぱいでスタートした大学生活だけれども、意外にも授業についていけないどころか、気がついたら「優等生」になっていた。

これは、私が優秀だったからというよりも、あまり勉強熱心ではない生徒が集まっている学校だったため相対的に優等生になってしまったということだろう。ニュー・イングランド大学は、とてもフレンドリーな雰囲気にあふれるアットホームな大学だが、勉強熱心な生徒が集まっているとは言い難い学校だった。

学生の多くは、週末……いや、木曜日の夜くらいからパーティー三昧《ざんまい》で、週末ともなると酔っ払いがキャンパス内にゴロゴロしていた。夜は大音響の音楽や奇声を発する音がうるさくて眠れないこともめずらしくない。酔っぱらいによる夜中のイタズラ電話もしょっちゅうなので、寝る前に電話線を抜いておくのが習慣になった。

アイダホでお世話になった進路指導担当のロブが「充実した学校ではない」と言っていたのはこういうことだったのだ。

そんなパーティー三昧の学生たちに囲まれながらも、私は23歳にして大学に入学し、生まれて初めて学校というのはこんなに楽しいものなのかと驚いた。学べることがうれしくてウキウキしながら目覚める毎日だった。あんなに苦労して入った大学だ、サボるなんてもったいない!

学校が嫌いで朝起きるのが苦手だとか言って、遅刻の常習犯だった日本での自分とは別人みたいだと我ながら思った。

相変わらず英語には悩まされたけれど、予習・復習をキッチリやっていれば授業についていけないことはまったくなかった。レベルが高い学校ではなかったのも、じつはよかったのかもしれない。授業のペースと、英語のハンデを負いながら学ぶ私の能力が非常にバランスよくマッチしていた。

そしてなにより、思う存分勉強できる環境がうれしかった。もう授業で出される宿題を心配するかたわらTOEFLのための勉強をする必要もない。授業のことだけを考えていればいい生活は本当に楽しかった。そして、学べることが心からうれしかった。

この私が、あの不登校だった私が!!「学校大好き、勉強大好きな優等生」になったのだ！　ああ、高校時代の先生方に、この姿を見せてあげたい……（笑）。

１年生が終わったとき、学校から書類が届いた。奨学金が増額されるという知らせだった。

アメリカの奨学金には2種類ある。ファイナンシャルエイドと呼ばれる、経済的な理由から授業料の支払いが困難な人に出されるものと、スコラーシップと呼ばれる成績優秀者に出されるもの。入学当初、私が受けていたのはファイナンシャルエイドだけだった。それが、１年生が終わった段階では、申し込みもしていないのにスコラーシップがもらえることになった。

アメリカの大学を見ていると、教育機関でも経営の概念が強く働いていると感じることが多い。大学は競争力をつけるための大きな要素として優秀な生徒を欲しがる。これは、学校は学生同士が互いに学び合う場（コミュニティー）であるという考えが基本にあり、どんな学生が集まっているのかということが、その学校の価値を大きく左右するという理由からだ。

講義形式の授業だけでなくディスカッションなどの参加型の授業が多いことも大きいだろう。ただ漫然《まんぜん》と先生の話を聞いているのではなく、生徒も議論に参加することが求められる。ディスカッションに興味深い意見を持ち込み、議論に対してどんな貢献ができるかということが成績にも反映される。そして、学びの場に多くの貢献をできる生徒が、たくさん集まる学校は価値が高いとされるのだ。

入学したときには、授業についていけるか半ばパニックになるほど心配したのに、1年経ってみたらスコラーシップまでもらえることになっていたのは驚いたしうれしかった。

ただ、一方でロブの予感は的中した。この大学での生活がもの足りなくなっていたのだ。

友達もできたし、ここにいれば、先生たちにも可愛がってもらい、奨学金をもらって心地いい4年間が過ごせることは間違いないだろう。でも、一生に一度しかない大学で学ぶチャンスを、もっと活かしたかった。もっと、もっと勉強したい。真面目に授業に出席しているだけで先生にほめられるような学校ではなく、厳しい環境で真剣に学んで周りの学生と切磋琢磨《せっさたくま》しながら学びたい。せっかくあたえられたアメリカで学ぶ機会を楽しいだけで過ごしたくない。

そんな、どうしようもない衝動があった。

9月に入り、ニュー・イングランド大学で2年生の新学期が始まってからはイライラばかりだった。

相変わらず遊びほうけている学生たち、熱心に質問しても「そんなに頑張らなくてもいいよ」みたいな返事をする教授。入学して1年目にはウキウキ過ごしていた大学生活が、ものすごく無駄な時間を過ごしているように感じられてならなかった。いろんな幸運と、たくさんの人の応援があって手にした大学生活で、少しでも時間を無駄にしたくなかった。このまま4年間を過ごして卒業したら後悔することは、ほぼ確実だった。どうしたらいいものか。すごくあせっていた。

この頃、父から一通の手紙を受け取った。

父は決して筆まめな人ではない。気持ちを言葉で表すことなどめったにない。不器用なほど真面目で、寡黙で、いつも冷静な人だ。感情的になったり声を荒らげたりする姿は一度も見たことがない。熊本出身だから九州男児とはこういうものなのだろうと思っている。あまりしゃべらないし、感情的にもならない。

でも退屈な人ではない。むしろ子どもの頃から父のことはおもしろいといつも思っていた。明るく冗談を言って場を盛り上げるようなことはないが、ずっと黙っているのにボソッと発した一言が妙に的を射ていて、ツボにハマって笑いを誘う。あの絶妙に人を笑わせるセンスは、言葉数が少なく感情表現が苦手な父が身につけた一種の処世術なのかもしれない。

父からの手紙

そんな父が私に手紙を送ってきた。

私が大学生活に行き詰まっていることを気にかけてくれたようだ。長い手紙ではない。少し大きめの字で簡潔に、私が元気に伸び伸びと好きなことをやっているのが父も母も一番うれしい、それ以上はなにも期待していないのだから、自分らしく楽しく過ごせばいい、というようなことが書かれていた。

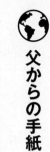

当時の私は、アメリカの大学に進学して学ぶ楽しさを発見した喜びを感じながらも、親に対する猛烈な罪悪感があった。いつまでたっても親の期待に応えられない、いや、子どもの頃から親の期待に応えたことなど一度もない。それどころか、いつも自分のことで一杯いっぱいで、親の期待がなんなのかを考えたことすらなかった。

まあ、言ってみれば親不孝ものだ。高校すら不登校でマトモに行けなかった私が、後先考えずに海外に飛び出し、「好きなことをさせてもらう」と約束した期限がきたら、「アメリカで大学に行きたい」と言いだす。

心配性というには度を越して、クリエイティブと言っていいくらいに「心配すべきこと」をあれこれと思いついては不安にかられる母親や、外国なんか一度も行ったことがなく海外での生活など想像もできない父親が、どれだけ心配な想いで見ていたことか。両親は、本当は私のことを、目の届くところに置いておきたいと思ったに違いない。家にいて欲しかったに違いない。

それなのに鉄砲玉のように海外に飛び出してしまった自分に罪悪感をいだいていた。そんな親不孝をしてまでアメリカの大学に進学したのに、思うように勉強ができていない自分にイラだっていた。父は、そんな私の気持ちを察したのだろうか。

私の父は九州の熊本県で生まれた。先祖代々続く家の長男として生まれ、跡取り息子として相当甘やかされて育ったらしい。

子どもの頃、猫舌だった父は熱いご飯が食べられないので、食事のときにはお茶碗をいくつも使ってご飯を一口ずつ盛り、冷まして食べやすいようにして出されていたという。

とんでもない甘やかしぶりだ。そんなふうに跡取り息子として、さんざん甘やかされていた父が、ある日、突然「明日、名古屋に行く」と告げて家を出てしまった。

なぜ名古屋だったのか。一度聞いたことがあるが、東京は大都会すぎるから、と意味のわからない返事だった。まあ、どこでもよかったのだろう。「ここではない、どこか」に父は行きたかったに違いない。

父が一度、「熊本の家に住み続けていたら自分はダメになっていたと思う」と言ったことがある。多くは語らなかったけれど、跡取り息子としてチヤホヤされていても、古いしきたりと伝統に縛られた自分の生家に、どこか違和感があったのだろう。そして、なにかが違うと感じた父は、生まれ育った家を逃げ出したのだと思う。

ここは自分の居場所ではないと、自分の意思で出て行った父のことを私は尊敬している。

そんなことを本人に言ったことはないし、この先もおそらく言うことはないだろう。そんな父だから、日本での生活が窮屈でたまらなくなり、明確な目標もないまま海外に飛び出した私の気持ちがわかったのだろうか。そして、遠くに暮らしながらも、あれやこれやとあせっている私の気持ちを察して、慣れない手紙を書いて送ってくれたのだろうか。

再び立ちはだかるTOEFLの壁

「自分らしく楽しく過ごせばいい」と手紙にしたためてくれた父の言葉に、自分はどうしたいのかを真剣に考えた。

なにが「自分らしく」て、なにが「楽しい」のか、現状のなにが不満で、なにを求めているのだろう。そして、「学校を変わろう」そう決心した。いまより恵まれた環境で思い切り勉強をしよう、後悔はしたくないと強く思った。

学校を変わるには編入試験を受けなければならない。それからは、授業の勉強のかたわら再びTOEFLのスコア獲得を目指して勉強する日々だった。2度目の高校生活のデジャブのような毎日だが、前回の経験もあり、スコア獲得のチャンスは多い方がいいと、とりあえず直近に開催される試験を受けた。

スコアは確か550点くらい。いまよりレベルの高い学校を目指すにはギリギリだ。6

00点は欲しかった。

どんな試験も同じだと思うが、TOEFLもある程度の得点までは比較的簡単に点数を伸ばせる。しかし、当時のスコアで550点から先は「1点、1点が勝負」と言われていたほど点を伸ばすのが難しかった。なんど練習問題をやってもなかなか伸びない。600点は一度も出なかった。点数を伸ばすためには試験を受けるテクニックも重要だ。設問の種類によって1問にかけられる時間を計算して配分した。必ず出題される引っ掛け問題のパターンを、練習問題をくり返し解きながら習得していった。

そして、単語。単語は地味だけれど、覚えれば確実に点数が稼げる。この時期、学校の授業でも日常会話でも知らない単語が出てくると、A4の紙を半分に切った用紙をさらに縦半分に区切って、左に英語、右に日本語を書きだしていった。

知らない単語に遭遇するたびに必ず書きとめて持ち歩き、歯磨きをしながら覚えた。歯磨きは、食後に朝、昼、晩と1日3回する。ランチタイムの後に午前中に書きためた単語を覚え、夕飯後にまた午後に書きためた単語を見ながら歯を磨く。翌朝は、前日に書いた単語をすべて見ながら歯磨きをする。

そして、単語を書いた紙を捨てる。この「捨てる」が意外に大切だ。捨てないと「後から見ればいい」という考えが頭のどこかに残る。だから、「この紙は歯磨きが終わったら無くなる」という危機感（大げさだが）が気合いにつながる。単語を保存すべきは自分の頭の中であって、紙の上ではない。

年が明けると、大学に願書を出す作業が始まった。アイダホの高校にいた頃と違って、今度はロブのような進路指導の先生はいない。すべて自分で調べて志望大学に連絡を取り、出願手続きを進めた。頼れる人はいなかったが、最初に大学受験したときに知ったことが役に立った。というか、すべてが手探りの最初の経験に比べると、アメリカでの大学受験も2度目だから勝手がわかってきたのかもしれない。

出願に間に合う最後のタイミングで、TOEFLをもう一度受けた。結果が郵送されてくるまでの数週間が長かった。一日千秋《いちじつせんしゅう》とはこういうことかと大げさにも思ったりした。

ある日、郵便ポストにTOEFLの試験結果の封筒を見つけた。開けるのが怖かったけれど、早く見たい気持ちが勝って、ポストの前に立ったまま封筒を手でこじ開けた。

「うそっ！！！」

人目もはばからず思わず大声で叫んでいた。結果は６００点。「おまけしてくれたの？」と聞きたくなるような、美しい、端数もない「６００点」だった。練習問題をなんどくり返しても一度も取れなかった点数が、テスト本番で取れたのだ。

マウント・ホリヨーク大学

大学3年生から、私はマウント・ホリヨーク大学というマサチューセッツ州西部にある私立の女子大に編入した。

女子大に行きたかったわけではない。TOEFLは６００点獲得できたものの、編入試験に合格し、なおかつ奨学金をもらえる大学はマウント・ホリヨークだけだったのだ。最初に大学に入学したときと同様、選択の余地はなかった。

私の姉は、名古屋で地元の女子大を卒業した。家政学部で学び、まるで良妻賢母《りょうさいけんぼ》になるためのような教育を受けた（実際、姉は妹である私から見てもみごとなほど立派な良妻賢母である）。姉を見ていて、私の中での女子大のイメージは、正直に言って受けたいと思う教育ではなかった。しかし、アメリカの女子大というのは、日本のそれとはまったく違っていた。

独立戦争前、アメリカにはいまでいうアイビーリーグの大学が7校あり、アイビーリーグに対抗するかのようにセブン・シスターズと呼ばれる7校の女子大（現在《いま》はその多くが共学となってしまったけれど）が創られた。その昔、アイビーリーグの大学に入学できるのは男性のみだったが、女性も高等教育の機会をあたえられるべきとの考えで設立されたのがセブン・シスターズと呼ばれる7つの女子大だ。その中でもマウント・ホリョークはアメリカ最古の女子大で、その誇りは校風にも色濃く表れていた。

「女性であっても某《なにがし》かの者になりなさい」と、ことあるごとに言われ、

Go where no one else will go. Do what no one else will do.

（他の誰も行かない場所に行き、他の誰もやらないことをやりなさい）

という創立者の言葉をなんども聞いた。創立当時、女子のための大学を創ることは、まさに人跡未踏《じんせきみとう》の地そのものだったのだろう。

私が育った家庭は、かなり保守的だ。世間の感覚からはどこかズレているものの、両親は「男女の役割は違う」という古い日本的な考え方を持っていた。家のなかでも、姉と私はいつも台所で母の手伝いをしていたが、弟が台所でなにかをしていた記憶はない。けっこうな男尊女卑《だんそんじょひ》ぶりだ。だから、かなりじゃじゃ馬な人生を送りながらも、頭のどこかでは「いつか自分は妻や母親になり、誰かに養われる」ものだと思っていた。

それが、マウント・ホリヨークでは女性であっても自立すること、誰かに依存するのではなく自分の足で立つことを教え込まれた。

入学してすぐ、留学生のためのオリエンテーションがあった。

ここで最初に言われたことは、「我が校のカリキュラムはかなりハードです。みなさんの中には英語を母国語としない人もいるでしょうが、マウント・ホリヨークに入学したということは英語のハンデはないものと認識しています。もちろん英語のハンデは成績にはいっさい考慮されません」ということだった。

「エライところに来てしまった」

思いっきり勉強したいと学校を変わったものの、正直に言うとビビった。英語だって、以前よりは上達してるかもしれないが、ハンデがないなんて状態からはほど遠い。私、大丈夫なんだろうか。

その言葉通り、授業は本当にたいへんだった。とにかく読まされる文献の量がハンパではない。宿題として本を1冊読み、授業でその本の内容についてディスカッションすることも珍しくなかった。そういう宿題が重なると、1週間で数冊の本を読まなければならない。本を読んでいかないと授業には全然ついていけない。

その宿題の量はアメリカ人の友人たちもキツいと言っていた。ネイティブスピーカーがキツいと言うのだから、私のような英語にハンデを抱えた人間にはほとんど不可能だ。どんなに徹夜で頑張っても追いつかない。そして、どうしても間に合わないときに「本を読んだフリ」をするための裏ワザを編み出した。

まず、目次を見る。しっかり見る。目次は本の「地図」だ。目次を読めば、ものすごくザックリだけれど本に書かれていることがわかる。

次に、各章の最初の段落を読む。その章の残りの段落は最初の一文だけ読んでいく。そして、章の終わりに来たら最後の段落には結論が書いてあるので、しっかり読む。これでこの章に書かれていることは大体理解できる。

ここまで来たら次の章に進む。ものすごく端折《はしょ》った感じはするが、細かいところを気にしている暇はない。なにせ宿題の量が多すぎて時間がないのだ！！！

英語の文章の成り立ちは「言いたいこと」を最初に言った後に、それについての説明をし、最後にもう一度「言ったこと」を結論の形でまとめる形式をとっていることが多い。つまり、細部まで読む余裕がないときは、各章や段落の最初と、結論が書いてある最後を読めばものすごく大雑把《おおざっぱ》にではあるが著者の言いたいことはだいたいわかる。

この裏ワザを駆使してディスカッションについていける程度には内容を把握することができた。もちろんヒヤヒヤしながらではある。だからお勧めはしない。でも、英語の文章の成り立ちを知っておくと、役に立つことはあると思う。

勉強はハードだったけれど、楽しかった。常に睡眠不足で、いつも朝から晩まで図書館に居座って勉強しているような生活だった。でも願った通りの、向上心あふれる人たちと切磋琢磨《せっさたくま》しながら思う存分に勉強ができる機会がうれしかった。

楽しく勉強したおかげか、必死で頑張っている姿が先生方の同情を誘ったためか、4年生の終わりで必要な単位を無事に取り終わった。

1996年5月、私はマウント・ホリョーク大学を卒業した。成績優秀者リストに名前が載っていた。

コラム　留学の意味

英語習得について話をするとき、よく「海外に行ってサバイバル環境に置かれないとダメですよね？」というような会話になる。たしかに、私が実体験したような、英語が使えなければ生き残れないような切羽詰《せっぱつ》まった状況に陥れば必死にならざるを得ないので、結果として英語が身につきやすいのは事実だろう。

しかし「海外生活の経験がある」＝「英語力（あるいは現地の言語）が身につく」というわけではない。海外に住んでも、日本人コミュニティーにどっぷり浸《つ》かって日本語だけで生活している人は大勢いる。

日本に何十年も住んでいるのにまったく日本語を話せない外国人もけっこう多い。そして、必ずしもそれが悪いことだと私は思わない。どの言語を使って生活するかは本人の選択なのだ。

海外に住むことで現地の言葉を話さざるを得ない状況に追い込まれて言語が身につくことはある。その場合も子どもでない限りは「自然に語学が身につく」ことは少ない。いや、じつは子どもであっても、自然に身についているわけではないのだろう。子どもは学ぶスピードが速いので、あたかも簡単に現地の言葉が身についているように見えるだけなのだと思う。

大学時代に、週末だけ開催される現地の日本人学校で講師をしていたことがある。そこに通う子どもたちを通して、個人差はあるものの、子どももストレスを感じながら新しい言語を身につけ、新たな環境に適応していくのを目の当たりにした。

「自然に英語が身についた」というのは、そういう経験を経て英語を身につけた後に振り返ったときの印象で、海外に住んだからといって「楽々と」「自然に」言語が身につくわけではない。

マイノリティーの経験

私にとって海外に飛び出したことの大きな収穫のひとつは、マイノリティーの経験ができたことだと思う。言葉が通じない、自分の常識は相手の常識ではない、自分が「普通」だと思っていることが相手の「普通」ではない、そういう経験をしたことで常に物事を違う角度から見るクセがついた。

自分の周りの人たちを見ても、相手に対する思いやり、人とは違う視点を持つ視野の広さなどが優れている人は、話してみると人生のどこかの時点でマイノリティーになった経験があることが多い。性的マイノリティーであったり、人種差別だったり、あるいは虐《いじ》めにあって「多数派対自分」という形のマイノリティーになったり。

差別や虐めを肯定する気は無論ない。しかし、マイノリティーになるということは、自分がなに者であるのか、多数派と言われる人たちと自分はどこが違うのか、自分にとってなにが大切なのか、真剣に考えざるを得ない。その経験はとても貴重だと思う。

英語を学んだ経緯を聞かれ、高校を卒業して単身アメリカに渡り、紆余曲折《うよきょくせつ》を経て現地で大学に進学した……と、かいつまんで話すと、「たいへんな行動力ですね」とか、「勇気がありますね」と言われる。

なんだかとてつもない違和感を感じる。英語も話せないのに、ひとりで海外生活をすることを選んだのは、突拍子《とっぴょうし》もない、見方によっては勇気ある行動に見えるのかもしれない。でも、私は行動力や勇気があったから海外に行ったのではない。いま思えば、逃げ出したのだと思う。

子どもの頃から、自分が納得する前に大人たちが無条件にあたえようとする「正しさ」が苦手だった。意味のわからないルールを押しつけてくる先生も、押しつけられたルールや価値観におとなしく器用に従うフリをする友達も大嫌いだった。

彼らは、みんな役割を果たすことは上手にやっているけれど、本当に納得して自分の意思で行動しているようには見えなかった。そこにすごく違和感があったし、自分はそうなりたくなかった。人と同じであろうと、違っていようと、自分が正しいと思うこと、やりたいこと、やらないことはじっくり考えて、自分で決めたかった。だから、自分で決める前に「よいこと」や「正しいこと」を押しつけられる環境が窮屈で仕方なかった。

それでも、私は周りが押しつける「よいこと」や「正しいこと」を無条件で選択できない、受け入れたフリをしてうまく立ち回ることもできない不器用な自分に劣等感を感じた。そんな自分を「負けている」と感じていた。

そして、負け続ける自分に耐えられなくなったから逃げ出したのだ。「ここではない、どこか」にいつも行きたかったのは、みんなの「当たり前」が自分の「当たり前」でない居心地の悪さから逃れたかったのだろう。

私は自分の国にいながら、ある意味マイノリティーだったのだ。自分が「普通」にしていると、周りの人たちと違ってしまう。浮いてしまう。でもあえて周りに合わせることもしない。そうすると風当たりが強くなったり居心地が悪くなったりする。それでも、自分の意思で考えて決めるという選択は変わらなかった。だから自分が大多数の人と違っていてもいいと思った。思ったけれど、居心地の悪さは常にあった。

海外で、外国人という正真正銘《しょうしんしょうめい》の（？）マイノリティーになったとき、なんとも言えない居心地のよさを感じたのは、日本での「マイノリティー経験」のおかげかもしれない。

初めてアメリカに行ったとき、「He/She is different（彼／彼女は人とは違ってる）」という表現をほめ言葉で使っているのを聞いて驚いた。日本で「人とは違う＝変わってる」と言われたら、ほとんどの場合はネガティブな意味だったから。そして私は「変わってる」とよく言われる子だった。

それがアメリカでは「変わっている」ということが必ずしも「悪い」ことではなく、「おもしろい」とか「個性」として自然に受け入れられていた。ここでは人と違っていても、自分で決めて、表現したり行動したりしていいんだと自由になった気がした。言葉が通じない不自由さはあったけれど、初めて訪れた異国の地で日本では味わったことのない開放感があった。人はみな同じではない。一人ひとり違うけれど、違っていてもいいのだ。違っていてもお互いに理解し合うことはできるのだと思ったら、うれしくなった。

もちろん、マイノリティーであることで、ショックなことや理解するのに時間がかかること、理解すらできないこともたくさんあった。

ある時、大学の授業で第二次世界大戦の話になり、広島と長崎への原爆投下の話題になった。それまで「原爆の被害を受けた日本」と、ずっと信じて疑うこともなかった私が発した意見が、「原爆のおかげで戦争が終結した」という考えが主流のアメリカ人のクラスメイトたちに、寄ってたかって非難された。彼らにとっての世界大戦は、ヒロシマ・ナガサキではなく、パールハーバーであり、軍事国家日本によるアジア侵略だったのだ。

どちらが正しいということではなく、立ち位置や教育的背景が違うと同じ出来事がここまで違って見えるということだ。それを、身をもって理解することが大切だと思うし、その違いを実感しない限りは本当の意味での相互理解はできないと思う。

マイノリティーになる経験を通して、いままでの自分の常識に疑問を持たざるを得ないところまで追い込まれる。違いを頭で理解するのではなく、実際に体験すると、その後の人生で物事のとらえかたがずいぶんと変わる。

「知っている」ことと「実感する」ことは違うのだ。だから私は留学しようかと悩む人に相談されたら、「とにかく行け」と言うことにしている。費用対効果とか、留学したら就職に役立つとか、そんなことでは測れないほどの収穫があると思うからだ。そういう意味では、留学で得るものの中で、語学力など副産物でしかない。

知らなかった世界を知る

子どもの頃から周囲になじめず、「ここではない、どこか」にいつもあこがれていた私が心の底で求めていたのは、自分の違和感の意味を知りたかったのではないかと思う。日本社会で常にダメダメちゃんだった自分の存在価値を知りたかったのだ。

高校で不登校になり、目指した演劇の道も挫折して、本格的な（？）ダメダメちゃんになった私は、海外に逃げた。その頃には、日本の生活で窮屈さのタンクが満タンを越えて破裂しそうだった。実際のところ破裂していたのかもしれない。

どうしようもない劣等感と、破裂するくらいの勢いがなかったら、じつは小心者の私が、後先考えずに海外に飛び出すことなどできなかっただろう。

そして、飛び出したあとは、目の前のことを一つひとつやっていった。大きな目標や夢やビジョンがあったわけではない。アメリカで大学に進学しようなどと最初から考えていたわけでもない。それでも、一歩踏み出したら、それまでとはまったく違う景色が見えることは経験から実感した。

頭で考えているときには、たいした進歩に見えない「一歩」が、実際に踏み出してみるとそれまでとはまったく違う景色が見えてくる経験の連続だった。一歩踏み出すと出会う人も変わった。そして、いつも一歩踏み出した先で助けてくれる人がいた。

なんの計画もないから、失敗するリスクを考える必要もなかった。「失敗しないこと」や「効率のよい方法」を考えるヒマもなく「とにかくやる」しかなかった。そんなことを考える余裕もなかったのだ。やってみたあとに間違っていると気づいたら、また一歩戻ったり、修正したりすればいいくらいの気持ちだった。

英語を学ぶのに、あるいはアメリカの大学を卒業するのに、もっと効率のいい方法はいくらでもあったと思う。でも、幸運なことに、自分がたどった経験のどれひとつとして「やり直したい」と思うことはない。

いつも必死だったし、必死だったから学べたこともある。痛い思いもたくさんしたけれど、それさえもすべて大切な自分の経験だった。すべての経験が役に立っているかどうかはわからないが、一つひとつのことが「次の一歩」につながっていたとは思う。

私の場合は英語だったけれど、自分が見たことのない世界を見せてくれるものなら、宇宙工学でも、文学でも、運動でもなんでもいいのだと思う。自分が知らなかった世界を見ることを通して、違う価値観を持つ人と出会うことで、育つ過程であたえられた価値観を見直し自分の生き方を確立する。そのときに関心を持つ「知らなかった世界」は人それぞれだろうし、必要なスキルも選ぶ道によって違うのだろう。

私は、たまたま「知らなかった世界」を見るために外国に出るという選択をしたから、英語が必要となり、それを学んだ。

母国語でない言語というツールを手に入れるということは、その言語を使う人とつながることでもあり、その言語の成り立ちを知ることで、その背景にある文化や習慣や思考回路を垣間見ることだと思う。

通訳をしていると、「訳せない言葉」に出会うことが多い。「エキサイティング」や「コミュニティー」という英語の言葉にピッタリくる日本語の単語はいまだに見つからない。もちろん、通訳するときは、文脈やその場で伝えたいことで適切な言葉を選ぶ。

言語というのはその言葉が使われている文化と切り離すことはできないし、状況や人によってその言葉に対する語感やイメージも異なるため、どんなにすばらしい辞書があったとしても、すべての単語を違う言語で完璧にマッチする言葉に置き換えることなど絶対に不可能だ。だから、通訳は文脈に合わせて、聞いている人の理解度に合わせて、状況に応じて「場」を読みながら適切な言葉を選ぶしかない。

そして、この「訳せない言葉」にこそ、自分が持っている常識や価値観では理解しきれない世界があることを知る鍵が隠されているように思う。

第 4 章

日本社会に不適合……またしても迷う

「一人前」になる前に……

大学卒業後の進路を考えたときに、まずは帰国するのか、このままアメリカで暮らすのかという選択に迷った。

アメリカに残りたかった。できればアメリカで大学院に行きたかった。しかし、いくらなんでもこれ以上の「好きなことをする」期限延長は親にも言い出せない。とりあえず働くとして、日本での住む場所を親に相談してみた。

驚いたことに、

「慶子は日本社会に順応できないから帰ってくるな」

と言われた。

両親は、もう私が日本に帰ることはないとあきらめていたのだろうか。いや、もともと「日本に帰って一緒に住んで欲しいと思っている」というのは、単なる私の思い込みだったのかもしれない。

それでも、日本に帰ろうと思った。帰って自分が一人前であることを証明したかった。この時に私が考えた「一人前」とは、会社で働いて、自分の生活費を自分で稼ぐ。そんな普通の人が普通にやっていることをちゃんとやってのけることだった。

高校生までの私は周りに適応できないダメダメちゃんだったけど、海外に出て、英語を学び、アメリカで大学も卒業した。いまなら、もう大丈夫なはずだ。アメリカでの生活は心地よかった。もっと勉強もしたかった。でも、まずは高校生までのダメな自分を克服したことを確認したかった。

日本でちゃんと働いて、「一人前」であることを証明したら、お金を貯めて大学院に行こう。アメリカに戻ろう。そんな気持ちで私は日本に帰ってきた。

就職その１　上司を会議室に呼び出して

帰国後は東京に住み、当時立ち上げ間近だった、衛星放送に番組を提供する会社に入った。面接に行ったとき、元気な社長が「これからは世界が舞台だ！　海外経験がある人は積極的に採用する。だからうちの会社には英語だけじゃなく、いろんな言語が話せる国際人がゴロゴロいる」と言った。海外に関わる仕事がしたかったし、おもしろそうな会社だと思って入社した。

だが、その会社には「国際人」なんてどこにもいなかった。それでも国際部なるものがあったので配属希望を出したら、5ヶ国語がペラペラだと社長が言っていた国際部の部長は、前職はツアーコンダクターで、その経験から「ビールをください」を5つの言語で言えるだけだった。それを社長面接で披露《ひろう》して採用されたらしい。

仕事の振り分けも不可思議で、新入社員は、「男性は番組の企画を考える」「女性はPCにデータの打ち込みをする」と言われた。なぜ男女で仕事の割り振りが決められるのだ？ 男性は企画を考えて、女性はデータの打ち込みって、この会社が創った番組は男性しか見ないのかいっ⁉

ブリブリと怒りながら、朝から晩までコンピューターに向かってデータの打ち込み作業をした。マウント・ホリョーク大学で学んだ女性の自立の精神なんて、なんの役にも立たなかった。

　ある日、上司を会議室に呼び出し「私はおもしろいことができそうだから、給料は安いのにこの会社に入社したんです（本当に内定をもらった他の会社よりも給料は破格に安かった）。データ入力をするために、ここにいるわけではありませんから、企画の仕事をやらせてください」と直訴した。

　いま思えば、若気の至りというか、よくもまあ、経験もなくなにができるわけでもない自分がそんな生意気なことを言ったものだと思う。そのときの上司からは、いまでもそれをネタに笑われる。まあ、当然だ。

　それでも直談判《じかだんぱん》のおかげで、「業務外でならやってもいい」という許可を得た。勤務時間にデータ入力の仕事をやりつつ、週末や夜にせっせと企画を考えて、週に一度は企画書を提出した。会議に参加する機会があれば、求められてもいないのに発言して番組作りに関しての意見を言った。

　少し大げさな言いかたかもしれないが、男性が自動的にあたえられる権利を、女性の自分があたえてもらうために思いつく限りの方法で闘ったのだ。当然、社内では浮きまくっていた。「生意気だ」とずいぶんと叱《しか》られたし、「面倒くさいヤツ」と陰口を言われているのも知っていた。

同僚の女性たちは、仕事の割り振りが不公平だと文句は言うけれど、一緒に闘おうとはしなかった。文句を言いながらも、そつなくデータ入力の仕事をこなし、会議に出席しても一言も発言しなかった。そして、「なんかたいへんなことやっちゃって」と嘲笑《ちょうしょう》するように私のことを冷ややかに見ていた。

提出した企画はすべてボツになったけれど、そんな私の努力を評価してくれた、いや、正確には私のしつこさに呆《あき》れた上司が、「正規の仕事」として企画作りの担当に配置してくれた。私は歓喜した。

すると、それまで冷ややかに私を見ていた女性たちは、

「えこ贔屓《ひいき》だ!」

「私だってデータ入力みたいなつまらない仕事じゃなくて企画をやりたい」

と、文句を言い始めた。ああ、面倒くさい。だったら一緒に闘ってくれたらよかったじゃないか……。

そして、文句を言われて困った上司は、女性にも企画の仕事をさせるようになった。

企画の仕事をあたえてもらって大喜びしたものの、しばらくすると会社自体がなんだかおかしな雰囲気になってきた。新しい業界や会社にはありがちなのかもしれないが、迷走し始めたのだ。

当初、衛星放送という新しい事業にはたくさんの出資者が関心を示し、資本金もかなり集まったらしい。しかし、なかなか経営が軌道に乗らず、社内では「お金がない」という話ばかりが聞こえてくるようになった。私のような平社員には経営のことなどわからないが、会社がつぶれるのではないかとか、給料が払われないかもとかいう噂まで出始め、さすがに不安になった。

なによりも経営が不安定なせいか、方針がコロコロ変わる。承認を得てやっていたはずのことでも、「カネもないのに、なんでそんなことをやっているんだ？」と、あとになって責められたりする。落ち着いて番組作りをするどころではない。会社の将来に不安を感じて転職する人、経費削減のために解雇される人などが続出し、気がつくと、ずいぶんと人が減っていた。

これは、通訳としていろんな業界のいろんな会社を見るようになって感じたことだが、会社というのは業績が上向きのときには雰囲気がいい。元気があると言ったらいいのだろうか。組織としての生命力を感じるような気配がある。

それが、業績が悪くなるとリストラや給与カットなどの劇的なことが起こらなくても、平たく言えば、そこで働く人は同じ給料をもらって同じ仕事をしていても、なんとなく雰囲気がどんよりしてくるのだ。

私が初めて就職した会社も、立ち上げ当初は、みんな夢を持って入社し、なにかおもしろいことができるのではないかという期待にあふれていた。それが、ほんの数年のうちに、まったく違う雰囲気に様変わりしてしまったのは、なんとも言いようのない気持ちになる。

就職その2　思考と感情をオフにするなんて

自分が関わっていた制作のプロジェクトが一段落し、これ以上おもしろい仕事はここではできそうもないと思った私は、外資系のニュース専門の放送局に転職した。外資系なら、男女の差別もなく働けるだろうと思った。しかし、男女差別はなかったものの、ここで仕事をするのもなんだかたいへんだった。

当時の私の仕事は「ニュースライター」。聞こえはいいけれど、仕事内容は通信社から送られてくる記事を、フォーマットを変えてコンピューターに打ち込む作業で、一日中画面に向かって過ごす時間は苦痛だった。企業文化は「出る杭《くい》は打たれる」そのもの。全体の流れを理解した上で作業をしたかったけれど、質問をすると余計なことを言わずに言われたことだけやっていろと叱られた。社員の合言葉は「ここで生き残るためには思考と感情をオフにすること」だった。

会社のあり方もおかしいと感じることがたくさんあった。同僚と話してみると、みんなおかしいと感じながらも、「目立つとたいへんな目にあうから」と誰もなにも言わなかった。実際、「たいへんな目にあう」人もいた。突然解雇される人を何人も見た。

いかにも周囲になじめていない私に「思考と感情をオフにすればいいんだよ」と親切心

からアドバイスしてくれる人もいたけれど、なぜそれがいいことなのか、どうしてもわからなかった。

思考と感情をオフにするなんて、生きていないも同然じゃないかっ!

私はまた周りの人たちとは同じ考え方ができない、孤立する「変な人」に戻っていた。なんで日本に帰ってきちゃったんだろう。何度も思った。まず東京という街が嫌いだった。アメリカではいつも自然に囲まれて、鳥のさえずりとともに目が覚めるような生活だった。草木の様子は、よく観察すると毎日少しずつ変化していた。朝起きてそれを見るのが楽しみだった。そんな環境から一転しての自然が乏しい東京の生活は辛かった。

満員電車も大嫌いだった。帰国したばかりの頃、満員電車にギュウギュウに押し込められて通勤しながら、これがアメリカだったら裁判沙汰《ざた》じゃないかと真剣に思った。アメリカでは、こんな状態で毎日通勤させられるなんて基本的人権の侵害だと訴える人がいてもおかしくない。

訴える先は自分が勤める会社なのか、通勤電車を運営する鉄道会社なのかはわからない。でも、誰かがなにかに向かって「こんなの、おかしい！」と声をあげるだろう。それなのに、日本では誰もなにも言わず、当然のこととして身動きもできないギュウギュウ詰めの満員電車に乗っている。

海外で頑張って、ダメダメちゃんだった自分を克服して、日本でもちゃんとやっていけるようになったと証明したくて帰国したのに、結局私が証明したのは、自分が正真正銘のダメダメちゃんなことだった。全然ダメだ。

やっぱり私には普通の人が普通にできることができないのだ。アメリカに帰りたかった。でも大学院に行くお金を貯めるどころか、当時の私の給料では生活していくのがやっとだった。逃げたいのに逃げ場もないような、高校時代に感じていた、あの息が詰まるような窮屈さが重くのしかかってきた。

コラム　日本の常識は……

アメリカで大学を卒業したあと、私は日本に帰ることにした。

日本社会から逃げたことへの罪悪感の埋め合わせと劣等感を解消したかった。逃げ出した日本社会という場所でも、自分はやっていけることを証明したかった。証明して劣等感を払拭《ふっしょく》したかった。しかし、帰国してすぐにそれはみごとに打ち砕かれた。

英語を学び、海外で経験を積んで、少し自信もつけたはずだったけれど、日本に帰ってきて就職してみたら、私は周囲になじめないダメな人に戻っていた。生まれて初めての日本での会社勤めは想像以上に窮屈だった。

日本にはリーダー不在とか、リーダーシップを取れる人がいないというようなことを時々耳にする。でも、日本社会の成り立ちを見てみると、それもある意味、もっともなようにも思う。学校や会社で優秀とされる人は、決められた枠組みの中のあたえられた価値観にうまく乗っかっていくことができる人だ。言ってみれば優秀な「リーダー」ではなく、究極に優秀な「フォロワー《従う人》」である（それだってすごいことだ）。そういう人たちが「優秀」と評価されて「リーダー的ポジション」に就いたからといって、いきなり「強いリーダー」となって強力なリーダーシップを発揮することを期待しても、ムリというものではないか。

そして、そういう「リーダー」たちが作る組織や会社は、決められた枠組みにピッタリ当てはまる、あるいはハマったフリをする術を持たない人には生きづらい場所なのかもしれない。

価値観の確立

帰国して間もない頃、日本に住んでいるイギリス人ジャーナリストの友人に、日本社会が窮屈だと感じることはないかと聞いてみたことがある。

逆カルチャーショックに悩まされ、日本人である私が社会や会社に居心地の悪さを感じているのだ。外国人にはさぞかし辛かろう、と。しかし、意外なことに、そんなことはないと言う。さらに驚いたことには、彼にとっていままで住んだ場所で一番窮屈なのは母国であるイギリスだと言うのだ。

たしかに、自分が生まれ育った場所が、一番窮屈というのは一理ある。育つ過程で「正しい」と刷り込まれた価値観が色濃くある場所では、そこから一歩離れて自分なりの価値観を確立しようとしても、人からあたえられた「正しさ」が重くのしかかってきて、立とうとするそばから足元をすくわれる。

周りがどうであれ開き直って「私は私」とは、なかなか言えない気持ちになる。大学を卒業して帰国した私が自分が生まれ育った国で、すっかりダメダメちゃんに戻ってしまったことは、ある意味、自然なのかもしれない。

大人になること、自立すること、自由になることはなにかと考えてみると、突き詰めていけば「自分の価値観を確立すること」なのではないかと思う。人は育つ過程で、さまざまな価値観を教え込まれる。

親も先生も学校も社会も、たくさんの「正しいこと」や、「あるべき姿」や、「すべきこと」や、「すべきでないこと」を教えてくれる。そのなかには本当に価値ある素晴らしい教えもたくさんある。でも、自分が自分らしくあるために必要ないものもたくさん含まれている。

自立するということは、人からあたえられた、ありがたい価値観のなかで、なにを残し、なにを捨てるかを決めて、自分なりの生き方を作っていくことのように思う。自分で作った価値観にある程度納得できたときに、人はあたえられた価値観から解放されて自由になれるのだ。

そして、自分で作った価値観は変わることがある。いや、むしろ変わっていくべきだと思う。人からあたえられた価値観や、自分で作り上げて、それまでだいじにしてきた価値観を見直し、疑問を抱き、考える作業を続けることで自分と向き合い、いろんなことに気づき、成長するものなのだと思う。

人からあたえられた価値観を見直して、自分の生き方を模索するとき、それまでに経験したことのないまったく新しいことにチャレンジしたり、文化が異なる人たちの考えに触れることで、より明確に見えてくるものがある。言語を学ぶということは、新しい世界を見ること。自分とはまったく違う文化や習慣を背景に育った人と話し、異なる価値観に触れるための選択肢を広げる機会を増やすことでもあると思う。

日本人のすばらしさ

日本でずっと周囲になじめず窮屈な思いをしてきた私ではあるが、海外に出たからこそわかった日本のよさもたくさんあるとも感じている。

数年前に香港に出張に行ったときのこと。東京から出発する飛行機に乗り込んだら、離陸前に前の席に座っている男性がキャビンアテンダントと話しているのが聞こえた。「搭乗口の脇にある椅子に携帯電話を忘れてきちゃったんだけど、とってきてもらえないかな?」……あらら、たいへんと思っていたら、間もなく「ございました」とキャビンアテンダントが携帯電話を手に戻ってきた。

その帰り、私は香港の空港でそろそろ搭乗時間だなと思いトイレに行って搭乗口に向かったところで、トイレに携帯電話を置き忘れたことに気がついた。大急ぎで引き返して、置いたはずの場所を探したけれど見つからない。

あわてて空港の案内所に行き、事情を説明した。「もう搭乗時間だから飛行機に乗らなくちゃいけないけれど、もしも見つかったら連絡してもらえますか？」と係員に伝えると、「残念ながら、見つかることはないです」と、あっさり言い返された。私がよっぽど驚いた間抜けな顔をしていたのだろう。その係員は「一度なくした物は戻ってきません」と、確認するように私にキッパリと言い放った。

異国で携帯電話をなくすという事実を受け入れられないまま飛行機に乗り込み、席に座ったら、日本を出発したときの飛行機での出来事を思い出した。同じように搭乗間際に忘れ物をした男性の携帯電話が戻ってきたときは、そんなにすごいことだとは考えなかった。でも、香港では「なくした物は二度と戻って来ない」のが当たり前なのだ。

香港だけじゃない。日本ではお財布を落としても、落としたときとまったく同じ額の現金が入ったまま手元に戻ってきたという話はめずらしくない。私の友人など、4回財布をなくして4回ともお金も含めて財布は無事に戻ってきた（それにしても4回はなくし過ぎというものだが）。

だが、世界のどの国を考えてみても、お財布を落として、そのまま戻ってくることが「めずらしくない」国は思いつかない。他人の財布を拾ったら、手をつけずに交番に届ける。自分のものではないのだから当たり前のことかもしれない。でも、そんな当たり前のことが当たり前の日本って、実はすごい国なんじゃないかと思う。香港で携帯電話をなくして、そんなことを考えた。それから私は、以前より日本人であることに誇りを感じるようになった。

日本人のクライアントや友人と話していると、ときどき外国人の誰かのことを指して「あの人って日本人っぽいよね」などと表現することがある。日本人が外国人を「日本人っぽい」と言うときは、どういう意味だろうと改めて考えてみると、真面目、気遣いがある、相手の立場を思いやる、細やか……など、ほとんどの場合は褒《ほ》め言葉。

一方、日本人の誰かを「外国人みたいだ」などと形容するときは、あまりポジティブな意味には使われないことのほうが多い。

なんだ、日本人ってやっぱり自分たちはすばらしいと思っているんじゃないかと、ちょっとうれしくなる。真面目な国民性がゆえに反省ばかりしてしまいがちだけど、「私たち、じつはいい人たちだよね」って思っているんだと。

人と違う＝間違っている？

自分が生まれ育った日本という国で暮らしながら、私はいまも生まれ育ったときに身につけた価値観（そして、それに起因するコンプレックス）との闘いを続けている。

毎日のように多数派の意見や自分の固定観念、常識といわれることに疑問を抱き、空気が読めない質問で顰蹙《ひんしゅく》を買う。信じられないようなドンクサイ間違いを日常的にやらかし、上手に立ち回れない不器用な自分を「負け組」だと情けなく思うこともよくある。

それでも、なんとか開き直って立ち直れるのは、世界のいろいろな場所でいろいろな人に出会って、さまざまな価値観に触れたおかげで、「人と違う」ということが「間違っている」ことではないと実感しているからかもしれない。その実感を経験する過程で、英語というツールはとても役に立った。

そして、これからも自分の国以外の価値観や常識を持った人と話し、学び、幅広い情報を得て、日本語だけで知り得るよりもたくさんの「正しさ」の中から「自分の好きなもの」を選ぶ自由を得ていけるのは、英語というツールがあるおかげだと思う。

第５章

天職は簡単には見つからない
……同時通訳者に！

ついに天職が見つかったのか⁉

鬱々《うつうつ》と過ごしていたある日、私の人生の転機となったNPOプログラムでお世話になった日本人スタッフから連絡があった。聞けば、プログラムを運営するNPOが数年前に東京にオフィスを設立し、頻繁《ひんぱん》に日本に来ているらしい。

さっそくオフィスに遊びに行ってみた。プログラムの卒業生がスタッフとして働いている数人の小さなオフィスだったが、みんな忙しそうに、でも楽しそうに働いていた。コンピューターに向かって自己嫌悪に陥りながら毎日を悶々《もんもん》と過ごしていた私にとって、人生の転機となった経験を共有できる人たちと接する機会があるのはうれしかった。妙な言いかただが、肺に空気が入ってくるような気分だった。

なんどか遊びに行っているうちに、「うちで働かない？」と誘われた。ありがたかったが、即座にお断りした。27歳にしてようやく大学を卒業し、仕事は退屈だけれど丸の内のガラス張りのオフィスで働いて「一人前」（やっと自活できるという程度だが）の身の上になったのに、いまさらまたNPO活動の貧乏生活に戻る気はなかった。やっと手に入れた会社員の立場を捨ててはいけないと思った。

一緒に働こうと誘ってくれた人は、私がお断りする理由をすべて聞いたあと、「よくわかった。でも来週、アメリカの本部からCOO（最高執行責任者）が来るから一度会ってみてよ」と言った。すでに仕事のオファーは断った身だったので、気楽にCOOとやらに会うことにした。

待ち合わせの場所に行ってみると、COOという大層な肩書きから想像していたのとはまったく違う、自分と年齢がほぼ変わらない素敵なアメリカ人の女性がいた。

同年代の女性同士の気楽さもあり、すぐに打ち解け、自分にとってこのプログラムに参加したことが人生の大きな転機となったことや、アメリカで大学に行くという、当時の私には夢のようなことが実現するきっかけを作ってくれ、多くの人に出会っていろんな考えかたを知る世界への扉を開いてくれたことを話した。

もっとたくさんの日本人がこういうプログラムに参加して海外に出るチャンスをあたえ

られたら、この国も変わるような気がするといったようなことを語り合った。

「誰もが人生が変わるようなチャンスをあたえられたら素敵ね！　世の中って変えられるはずよね！」と大いに盛り上がって意気投合した。とても楽しい時間だった。

翌日、そのCOOと私を引き合わせたスタッフから電話があった。

「面接通ったよ」なぬ!?　知らぬぞ！

「面接などとは聞いていない！」と騒ぐ私に、

「とりあえずオフィスに来てよ」とその人は軽く言った。

そして、翌週オフィスに行ってみると、なんと、すでに名刺ができあがっていた。肩書きもちゃんと書いてある。

アドミッション　シニアマネージャー

「きみがこのプログラムに参加して得たことを、毎年１００人の日本人の若者が経験したら、日本が変わると思わない？　アドミッション担当者として日本の若者に、人生が変わるチャンスを届ける手伝いをして欲しい」

心拍数が上がるのがわかった。そういう仕事をしてみたいと思った。丸の内のガラス張りのオフィスも一人前の給料も、やっと手に入れた会社員のステータスも、もうどうでもよくなった。

こうして、ＮＰＯ職員としてのエキサイティングな生活が始まった。毎日ジェットコースターに乗っているような気分だった。私のポジションは新たに作られたものだったので前任者はいない。自分の仕事の内容も、目標も、さまざまなプランもすべて自分で考えなければならない。

アドミッション担当として、このプログラムに参加する人を募集するのが私の仕事だったけれど、当時はまだＮＰＯというだけで怪しまれた。まずは認知度を上げようと、プログラムを紹介してくれそうなメディアにアプローチした。

おもしろいことに、いったんテレビや雑誌で紹介されると、「信用できる団体」と思ってもらえた。「○○新聞に載った」とか「テレビで紹介された」と記事やビデオを見せながら説明すると、話を聞いてもらえる機会が増えた。全国の大学や専門学校など参加対象年齢の人がいる場所を訪問し、プログラムのプレゼンをして説明会を開く。希望者を面接して、参加が決まった人のカウンセリングやビザの手続きをして現地に送り出した。プログラムを通したいろんな出会いが楽しかったし、なにより自分の人生を変えたプログラムに関われることがうれしかった。そのプログラムに参加したい日本人をサポートするのにもワクワクした。天職だと思った。海外とのやり取りも多く、時差があるアメリカ本部との連絡も頻繁だったので、過労死するかもというくらい昼夜を問わずよく働いた。でも苦にならなかった。

そんな生活が約2年続いた2000年12月のある日、理事会の決定により、このプログラムは年内で活動を休止することが突然発表された。

決定が下されたのは12月に入ってから。「年内での活動休止」ということは数週間後には、このプログラムは終わるということだ。休止は「財政的理由のため」とのことだった。

残務処理という地獄の日々

その日は朝からオフィスの電話が鳴り止まなかった。

発表を聞いた参加予定者や保護者からの問い合わせが殺到し、私は対応に追われた。事後処理は地獄のようだった。

毎朝、すべてが夢だったらいいのにと祈るような気持ちで目覚め、そして起こったことは現実だと気づいて泣いた。アドミッション担当者として、このプログラムの経験者として、「人生を変え得る経験ができるチャンス」だとプログラム参加者を募ってきたのに、参加を決めた人たちに「ごめんなさい。このプログラムには参加できなくなりました」と告げなければならなかった。

参加を予定していた一人ひとりに電話を掛けて事情を説明し謝った。プログラム参加のために仕事を辞めた人、すでに休学手続きを済ませてしまった大学生などいろんな状況の人がいた。「どう責任をとってくれるのだ?」と怒鳴られたり、泣かれたりした。そりゃ、怒鳴りたくも泣きたくもなるだろう。私にできることは、せめてそれを聞くことだけだと、納得してもらえるまで話をした。求められれば会って話をした。

私だって天職だと思っていた仕事を失って、泣いたり怒鳴ったりしたかったが、プログラムの休止を決めた上層部の人たちはクモの子を散らすように行方がわからなくなってしまっていた。悔しさや怒りや悲しさをぶつける相手もなく、感情を押し殺して、ひたすら謝りながら事後処理をした。

一番気がかりだったのは、すでにプログラムに参加している人たちのことだった。1年間のプログラムは半年に一度の周期でスタートする。理事会が活動休止を発表したとき、その約半年前にスタートしたプログラムに参加していた日本人が30人ほどいた。

彼らは1年間の海外プログラムに参加したはずなのに、それが半年で突然終了してしまい、しかも海外を旅しているプログラム参加中にそれを知らされた。いきなり海外で放り出されて、途方にくれているだろう。その姿を想像して日本のオフィスにいた私は心配で、いてもたってもいられなかった。

すると、活動休止の発表があってから数日以内に、その人たちから次々とメールで連絡がきた。文面はそれぞれだけれど、内容はみんなほぼ同じで、こんな感じだった。

こんなことになって、びっくりしましたー!

けいこさん、たいへんですよね?　大丈夫ですか?

1年の予定が半年になったので、残りの半年間の計画をお知らせしまーす!

突然のプログラム終了を知って、みんなショックを受けたけれど、次の行動を決めるしかないので計画を立て、心配しているであろう私に報告してきてくれたのだ。驚いたことに「すぐに日本に帰ります」という人はいなかった。せっかく海外に1年間行くと決めたのだからと、プログラムで仲良くなった海外の友達のところに遊びに行ったり、行きたかった場所を訪ねてみるなど、たいへんな状況のなかで、それぞれが自分で計画を立てて実行に移していた。

半年前にプログラムに送り出したときには、あんなに頼りなかったのに、こんな状況のなかでちゃんと自分がやりたいことを決めて計画を立て、行動に移している。正直驚いた。たとえ半年間でも、世界各国から集まった仲間とプログラムで過ごして、本当にみんなたくましくなっていた。

天職だと思っていた仕事を失い、自分がいままでやってきたことの意味はなんだったんだろう、なんのために頑張っていたんだろうと絶望していた私にとって、彼らの変化、成長ぶりがどんなに大きな支えになったか、とても言葉では言い尽くせない。

事後処理が終わったとき、私は心身共にクタクタに疲れ果てていた。もうなにもやる気が起こらない。再就職なんて考える気力もなかった。この出来事を通して「一寸先は闇」ということを身をもって知った。なにが起こるか、先のことはわからないのだから、いまやりたいことを全部やってやろう。

失業保険とわずかな貯金を使い果たす勢いで、エステに通ったり、アラスカにオーロラを見に行ったり、時間を気にせず朝から晩までＤＶＤを観まくったり……。まあたいしたことはしなかったが、なかば自暴自棄《じぼうじき》に陥っていたのだと思う。とにかく興味があることは片っ端からやってみた。

「興味があること」の先に目標などなかった。そんなことを考える余力はなかった。とにかく疲れ果てた心を回復させて、無気力状態から抜け出すことが先決だった。

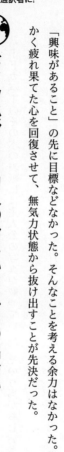

ドイツ系アメリカ人のおじいさんとの出会い

失業からさかのぼること約９ヶ月。ＮＰＯプログラムの会議に出席するため出張でドイツに行った。帰国の日に空港に向かったが、駅で空港行きの電車の乗りかたがわからずウロウロしていた。空港行きらしい飛行機の表示があるホームまで行ってみたが、同じホームでも列車によって行き先は必ずしも同じとは限らないようだ。大きなスーツケースを持ち、帽子をかぶってウロウロする私はどこから見ても立派な「迷子の外国人」だった。

すると、スーツケースを持った知らないおじいさんが「空港に行くんでしょ。この電車だよ。自分もこれから空港に行くから」と、一緒に電車に乗せてくれた。電車に乗っておじいさんの隣に座ると、私は、すぐに本を取り出した。

この親切なおじいさんに、これ以上気をつかわせてはいけないと思い、「私は本を読みます。私のことはご心配なく、ご自由になさってください」と無言のアピールをしたつもりだった。ところが、おじいさんのほうから「それは、どんな本?」と聞いてきた。

このとき私が読んでいたのは、オーストリアのハプスブルク家最後の皇女の伝記だった。ドイツに行くからドイツに関連する本を読もうと図書館に本を借りに行ったら、この本があった。「ドイツじゃないけどまあいいや」と借りてきたのだ。

ハードカバーのその本の表紙には主人公の写真が載っていた。その写真がおじいさんの目にとまったと思われる。

本の内容を簡単に説明すると、おじいさんは「おもしろそうだね」と言った。「本当におもしろいんです。この本に書かれていることが、そんなに大昔でもない時代に起こった事実だと知るとびっくりします」と話し始めたら、やけに会話が盛り上がってしまった。

そのおじいさんは、東西ヨーロッパの経済援助の交渉を専門にしている英語とドイツ語の通訳だという。もともとドイツ系二世のアメリカ人で、第二次大戦中に敵国であるドイツの無線の内容を翻訳するよう協力要請されたのをきっかけに、大学を卒業したあとは通訳になったらしい。ベルリンの壁が崩壊し、ヨーロッパがすさまじい勢いで変化していることや、その交渉の現場で通訳をしているおもしろさを本当に楽しそうに語ってくれた。

私は、たまたまオーストリアに関わる本を読んでいたけれど、ヨーロッパの歴史に特別興味があるわけでもない。でも、ルーマニアのチャウシェスク大統領が処刑された映像は鮮烈に覚えていた。

東京で劇団の研究生をしていた頃だ。ある日、家に帰っておやつを食べながらテレビを見ていたら、ルーマニアの政権崩壊の特番をやっていた。チャウシェスクが追いつめられ大統領夫妻が処刑され、その死に顔がアップで映し出された場面に心底ゾッとした。

こんなことが、自分の生きている現代のどこかで現実に起こっていることが信じられなかった。その映像を見た時の衝撃や、ソ連が崩壊したニュースをどこでどんなふうに聞いたかなどの話をした。携わっているＮＰＯの仕事のことや、英語を学んだ経緯、これからやってみたいことなど話は尽きなかった。

あっという間に時間が経ち、結局、本は1行も読まないまま空港に到着した。おじいさんは、親切にも私が乗る航空会社のカウンターまで送ってくれると、別れ際に、

「あのね、きみは通訳になりなさい。我々の業界には、きみみたいな人が必要なんだよ」

と言った。自分が通訳になるなんて微塵も考えたことがなく、なにより当時は天職だと思うNPOでの仕事に燃えていたので、「そんな夢みたいなことを……」と笑い飛ばしてしまった。そして親切にしてくれたお礼を言って別れた。

まさか、それからそう遠くない未来に、自分が通訳になっていることなど想像もしなかった。

ケイコでもマナブでもない

ＮＰＯの職を失ったとき、無気力状態から脱するためにやってみたことのひとつが通訳学校に通うことだった。９ヶ月前にドイツで会ったおじいさんに言われたことを真に受けて「通訳になろう」と思ったわけではない。

ただ、アメリカから帰国して以来、自分の頭の中で、日本語で得た知識と英語で得た知識がうまくつながらないようなもどかしさはずっと感じていた。通訳の人たちは、それをどうしているのだろうという素朴な疑問と好奇心があった。それを知りたいと思った。

通訳の勉強を始める動機も、たんなる好奇心でしかなかったのだ。それによってなにかを得ようとか、次のステップなどということは、いっさい考えていない、というより考えられる状態ではなかった。

しかし、いざ通訳の勉強をしようと思っても、どこで学べるのかさっぱりわからない。

リクルートから発行されていた情報誌『ケイコとマナブ』(編集部注・2016年4月末発売号で休刊)を買っても、無数の稽古ごとが紹介されているのに通訳学校の案内はひとつもない。

いま思えば、通訳学校は職業訓練校であって、稽古ごとではないのだから載っていないのは当然だ。でも当時の私は、それくらい通訳業界というものについて無知だった。

久しぶりに会った友人に「通訳学校ってどこにあるのか知ってる?」と軽い気持ちで聞いてみたところ、偶然にも知り合いが最近通訳学校を立ち上げたから紹介すると言う。

こうして、紹介されるがまま興味本位でその学校に見学に行った。CNNの同時通訳者を派遣している会社が、人材不足のため通訳を養成しようと作った学校だということだった。

授業では、先生がお手本を見せて、それに続いて生徒が通訳する。その時の先生のお手本が、私が人生で初めて見た同時通訳というものだった。

「なんておもしろいんだろう!」

と、素直に感動した。どのようにしてやっているのかなど、もちろんわからない。自分がそのやり方をわかるようになるとも思えなかった。でも、あまりにもおもしろそうだったので、その場で入学を決めてしまった。

週１回の授業は徹底してＣＮＮニュースの同時通訳者を育てるための内容だった。後から知ったが、ニュースを同時通訳するための放送通訳の育成に特化した通訳学校というのは、少数派らしい。しかし当時の私は、他を知らないので、通訳学校とはそういうものだと思っていた。

勉強するのはとても楽しかった。家でもずっとＣＮＮを見ていた。知らない国際機関の名前や要人の肩書きなどがたくさんあったけれど、それを覚えるのもおもしろかった。授業で先生にほめられるとうれしかった。夢中になって勉強した。心が疲れきっていた私は、勉強することで気持ちが満たされて救われた。

このとき夢中になったのは、必ずしも通訳の勉強が自分に合っていたからというわけでもないのかもしれない。当時は、ＮＰＯの職を失ったショックと事後処理でボロボロだった。そういう心理状態で、たまたま通訳訓練に出会った。経験したことのないことに挑戦し、新しいことを学ぶことで救われていた。だから、別のなにかでもよかったような気もする。

それでも、もともとニュースは好きだったのでCNNを題材とする学校の授業は本当に楽しめた。一応ニュースライターの仕事をしていたので、少しはニュースのポイントの押さえどころをわかっていたのかもしれない。

なにより、大学を卒業して以来、久しぶりに勉強することで学ぶ楽しさを思い出したのもうれしかった。NPOで働く日々も充実していたけれど、久しぶりに味わう、学校に通って学ぶおもしろさは新鮮だった。

「楽しい！　楽しい！」

と、夢中で勉強しているうちに、いつの間にか天職を失ったショックの無気力状態から脱していた。

CNNのオーディションを受ける

この頃の私は、文字通り寝ても覚めても通訳のことを考えていた。日本語と英語が頭の中でつながるよう、目にしたものはすべて心の中で英語と日本語で言ってみた。これは、通訳になってからもしばらく続いた職業病……いや、当時は仕事をしていなかったから、単なる変なクセだ。努力したというよりは、楽しいからやり続けたという感覚に近い。

学校に通い始めて数ヶ月が経った頃、「CNNのオーディションを受けてみない？」とお声がかかった。

思わず「はっはっはー！ 万が一受かってしまって、本当に私がCNNの同時通訳をするようになったらおもしろすぎるじゃないですか!?」と言いそうになった。あまりにも現実離れしている話だと思った。

でも相手は意外にも真剣な顔をしていたので、しおらしく「考えさせてください」と答えておいた。

おそらく私は、単純な人間なのだろう。直前まで想像もしていなかったことが、自分の目の前に差し出された途端に、どうしようもなく取り憑かれてしまう。CNNのオーディションの話も、最初はあり得ないと思った。

通訳学校に通い始めたときも、通訳になろうなどとは考えていなかった。ただ心が疲れていたから、興味があることを気持ちが向くままにやってみたことのひとつに過ぎなかった。それ以上の期待などない。

それなのに、オーディションのお誘いをいただいたら、最初は「あり得ない」と思っていたのが、すぐに「やってみたいかも」という気になり、気がつけば、「オーディションに挑戦だけでもしてみたい」になっていた。そして、オーディションを受けると決まったら、今度は「受かりたい」という一心で勉強していた。

オーディションの日。自信なんてまったくなかった。だからオーディションは「記念受験」だと思おうとした。

ここまで来られたんだからいいじゃないか。

私ってば、あんがい、立派じゃないか!

そんなふうに自分に言い聞かせてみたものの、それでもやっぱり受かりたいという気持ちはあった。オーディションのニュースの題材は、確かキューバのグアンタナモにある米軍基地で起こった拷問事件についてだった。当時はニュースで、かなり大きく扱われていて、連日CNNでもその話題を放送していた。

ニュースとしてはなじみのある内容だったけれど、同時通訳するとなると「理解できる」だけではもちろんダメだ。緊張していた。でも緊張を忘れるくらい一語一語の言葉に食らいつくような気持ちで必死で訳した。

そんな自分を少し斜め上くらいの位置から見ている、もうひとりの自分がいた。もうひとりの自分は、たとえオーディションという状況でも、CNNのスタジオで同時通訳のブースに入り、マイクに向かってしゃべっている自分を見て喜んでいた。

緊張しているはずなのに、どこか妙に冷静だった。

オーディションが終わったあとに、会議室に呼ばれ、言葉の選び方や表現などについての指摘をいくつか受けた。

「いつからシフトに入れますか？」

と聞かれた。

「へっ？？？」

合格したことを理解するまでに少し時間がかかった。

CNNの同時通訳者になったのだと実感がわくまでには、もっともっと長い時間がかかった。

こうして私は同時通訳者としてのキャリアをスタートした。

この本の著者、田中慶子さんは、このあとフリーランスの同時通訳者として活躍する。

ＣＮＮインターナショナルやＢＢＣワールドなどニュースの同時通訳を経て、ダボス会議を主催する世界経済フォーラム創設者のクラウス・シュワブ会長をはじめとする、各界のリーダーや数々の経営者たちから、厚い信頼を寄せられる存在となった。

現在も、日本トップクラスの同時通訳者として、世界中を飛び回る毎日を送っている。

（編集部）

付録

「学んだ英語」を
「使える英語」に

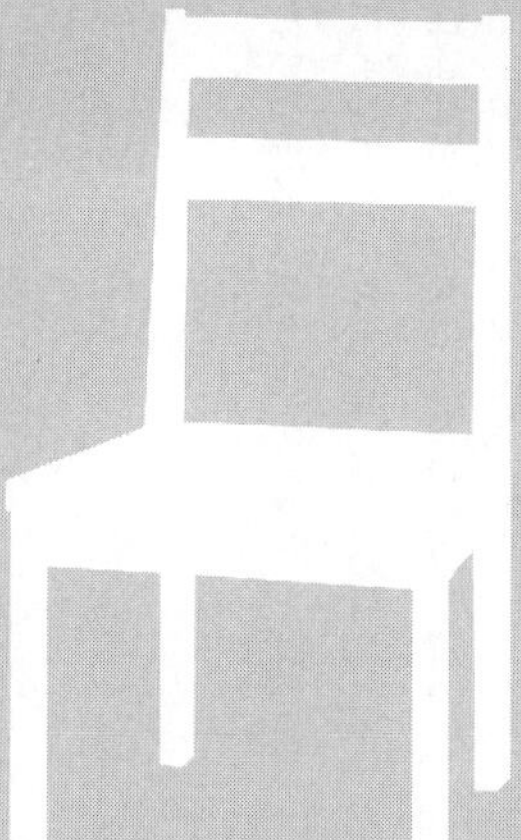

経験から語る英語学習法

「英語を学ぶのに『これさえやっておけばいい』みたいな近道はありますか？」と聞かれることがある。しかし、その人のいまの英語レベルによっても、英語を学びたい目的によってでも学習すべきことはまったく違ってくるので、残念ながら万人に共通の英語学習の近道などは存在しない。

近道はなくても、もしも効率のいい学習法があるとしたら、「自分はなぜ英語を学びたいのか。そのためには英語のどの部分を強化すべきか」を明確にして、それを習得する勉強法を探すことだと思う。

地味だけれど、なにかを習得するというのは「〇〇するだけで」とか「〇〇さえやれば大丈夫」とか「楽に身につく」などというものではない。簡単に身につくことが、長きにわたって本当に役に立つとも思えない。

ただ、そうはいっても自分自身の経験を振り返ると、英語学習に関してはずいぶんと遠回りをした。あとから考えれば、もう少しうまいやり方があったようにも思う。

私は人生の半分以上を英語と向き合って過ごしてきた。そして、単身アメリカに渡り、英語などまったく理解できなかった頃から、通訳という一応「英語のプロ」である現在も、日々英語と向き合い、学び続けている。私の人生は英語修業の道と言ってもいいくらいだ。

その道は、常に不器用な試行錯誤のくり返しだった。それはそれでいい経験だったと思うし、一見無駄に見えることをくり返したからこそ得たものもある（と思いたい）。

それでも、いま英語を学び始めるところからスタートして、やり直せることがあるとしたら、日本人が英語を学ぶときには「耳」と口の周りを中心とした顔の「筋肉」を鍛える必要があるのだということにもっと早く気づけばよかったと思う。

英語は使わなければ上達しない。これは保証する。ただ、英語を「話そう！」「聞こう！」とやみくもに頑張るよりは、「大人の英語学習法」としては、英語の音の成り立ちを「まずは頭で理解する」ことをお勧めする。

私は、文法や語彙力など日本人の英語技術力はかなり高いと思っている。それなのに日本人が「英語が苦手な国民」とされてしまう理由は、第1章でも書いたような「正しさ」にこだわる英語への意識＝メンタリティーの問題がある。そして技術的な面では、なによりも「読む」「書く」に対する「聞く」「話す」の圧倒的な弱さだと思う。

これまでの日本の英語教育の中で「読む」「書く」は習っても、「聞く」「話す」が教えられてこなかったことも一因だろう。昨今、ネイティブの先生の教える授業が、学校で取り入れられるようになっているのはとてもよいことだと思う。

ただ、英語とはまったく違う日本語を母国語に持つ我々が英語を学ぶには、そして、とくに大人になってから英語を学ぼうとするならば、まずは英語と日本語の音の成り立ちの違いを頭で理解した方が手っ取り早い。

自分の経験から言えば、音を理解するということは、リスニングや発音のためだけでなく、その言語全体の成り立ちを把握するのにとても役立つように思う。そして英語の音の成り立ちが理解できるようになると、学校で習った「読む」「書く」といった英語の知識を「話す」に活かしやすくなる。

学校の必須科目として英語を学び、実は英語力はかなり高い日本人が、学校で「学んだ英語」を「使える英語」にするための鍵があるとしたら、まずは「英語の音」にアプローチすることだと私は思う。

発音について考えよう

英語には日本語に存在しない音も多い。日本語にない音は日本語で育った我々の脳には「音のポートフォリオ」として存在していない、つまりは認識できないということだ。これを克服するには英語と日本語の音の違いを、まずは頭で理解する。そして訓練する。そうするとしゃべること、聞くことが、かなり楽になると思う。

最近は優れた英語の発音教材もたくさん出回っているので、ここでは英語と日本語の音の成り立ちの違いについて私なりに重要だと思う4つのポイントを簡単に説明する。

1・母音と子音

たとえば「神」という言葉はいくつの音で成り立っているか?という質問に、日本人は「ふたつ」と答える。これに対し、英語スピーカーは「4つ」と答える。

これは子音と母音の組み合わせで、ひとつの音を形成すると認識する日本人には「神」は「か」と「み」のふたつの音に聞こえる。一方、子音も母音もそれぞれが立派なひとつの音として存在する英語のネイティブスピーカーは「k」「a」「m」「i」と4つの音を認識する。

日本語を学ぶ外国人から「ありがとうございます」が、「arigatougozaimasu」なのか、「arigatougozaimas」なのか、つまり、「ございます」の最後の「す」には、母音の「u」がつくのかつかないのかと質問されることがある。

日本人が「ありがとうございます」と言うときに、最後の「す」に母音の「u」がついて「su」と発音する人、つかないで「s」と発音する人の両方がいるが、どちらが正しいのかを知りたいらしい。

日本人に、「ありがとうございます」とローマ字で書いてもらうと、「ａｒｉｇａｔｏｕ ｇｏｚａｉｍａｓｕ」と書くのに、なぜ実際に言うときは最後の「ｕ」を発音しない人が多いのかと。

この質問をされたとき、最初はなにを聞かれているのかわからなかった。私自身、日本人に生まれて「ありがとうございます」という言葉を何万回、いや何百万回と言ったに違いないが、「ありがとうございます」の最後の「す」に母音がつくかどうかなど考えたこともなかった。

よくよく注意して聞いてみると、日本人が「ありがとうございます」と言うとき、確かに最後の「ｕ」（母音）はほとんど発音されていない。関西系の人は、最後の「ｕ」（母音）が少し強くなる傾向があろうか、というくらい。

子音＋母音が基本となっている日本語では母音をほとんど発音しない言葉というのはいくつかある。「ありがとうございます」の語尾の「す」がいい例で、その区別をつけなくても言葉として成り立ってしまう。

ようするに「どっちでもいい」のだ。日本人として、ずっと日本語を話していて気づきもしなければ考えたこともなかった。しかし、子音だけで立派なひとつの音として認識される英語のネイティブスピーカーは、「最後に母音がついている人といない人がいる！」と瞬時に聞き分けてしまう。

母国語である言語の音の成り立ちによって、聞こえる音声の認識もそこまで違うのだ。

2・音節

日本語と英語の音の成り立ちのもうひとつの大きな違いは、音節。音の塊のようなものだ。たとえば、英語の「Japan」という単語は、日本語では「ジャ」と「パ」と「ン」の3つの「音」として認識される。しかし、英語では「音」の他に「ジャ」と「パン」のふたつの音節があるととらえる。

音節も英語と日本語の音の成り立ちの大きな違いだ。違いというより、英語のような音節は日本語には存在しない。だから、初めは感覚がつかみづらいが、英語のリズムをマスターする上で音節は非常に重要だ。

アクセント記号とともに、音節も示されている辞書もあるので、単語の音を聞きながら音節の成り立ちを目で見て確認するとわかりやすいだろう。

3・アクセント

英語のアクセントは音節に乗る（だから、英語の音節を理解することは大切だ）。「Japan」の例で言えば、「ja」（ジャ）と「pan」（パン）のふたつの音節のうち、うしろの「pan」の部分にアクセントがかかる。

「発音が悪くて英語が通じない」という場合の多くが、実は発音そのものというよりアクセントの場所が間違っていることが多い。逆に、発音は訛っていても、アクセントの位置が正しければ意外に通じることもある。それくらいアクセントは重要なのだ。

日本語には英語のような音節もなく、アクセントのつき方も違う。英語のアクセントを練習するさいには、最初は違和感を感じるほどおおげさにアクセントを強調するくらいでもいい。英語を聞いたり話したりするときも、音節とアクセントを意識すると英語のリズムに乗りやすくなる。

4・リエゾン

イメージで言うと、日本語の音は「粒」、英語は「流れ」だ。日本語の発音が「美しい」と感じるのは子音と母音の組み合わせで作られた一つひとつの音が粒立って、それぞれがきちんと聞こえつつ全体にまとまっているときだ。

一方で、英語はリエゾンと言って、直前の音とそれに続く音が流れてつながるように発音される。例えば「Thank you」という言葉。単語で分解すると「Thank」と「you」になるが、これを「サンク・ユー」と分けずに「サンキュー」とつなげて発音する（文脈によっては「サンク・ユー」のような言い方をする場合もあるが）。

日本人が、英語の発音で「通じない」となってしまうときには、文字から読み取った音をそのまま子音＋母音の「粒」で発音しようとしてしまうことが原因であることが多い。

つまりカタカナ英語だ。

これだと、日本人とは音の認識の仕方が違う英語スピーカーには通じにくい。

耳と筋肉を鍛えること

英語の発音が苦手という人は多いと思う。私自身、発音にはずいぶんと苦労した。単語は覚えればいいし、文法は理解すればいい。努力の方法が比較的わかりやすい。

しかし、発音だけはどうにもならない。日本語で育った私の脳には「日本語音声ポートフォリオ」しかないため英語の音を認識できないのだと気づくのにずいぶんと時間がかかってしまった。

じつは私が英語と日本語の音の構造の違いを真剣に学んだのは通訳の仕事を始めてからだ。それまでは、かなりジャパニーズアクセントの強い英語を話していたが、とりあえずはそれで通じていたので自分の英語はイケてないと思いつつ、真剣に発音について考えたり悩んだりすることもなかった。

しかし、通訳になってみると、あまりに発音がお粗末《そまつ》なのは聞きやすさの点から問題があるし、仮にも「英語のプロ」なのに、コテコテのジャパニーズイングリッシュでは恥ずかしい。それで英語の音について学び、発音を練習した。

念のために言っておくが、それでもネイティブスピーカーのように話せるようになったわけではない。通訳として仕事ができる程度の英語になったというだけだ。状況や段階に応じて必要な英語スキルは変わる。発音も、たとえカタカナ英語でも自分が不自由を感じていなければ、それでいいと思う。

ただ、英語の発音に苦手意識があって話すのをためらってしまったり、私のようになんらかの理由で聞きやすい英語が必要とされる場合は、英語と日本語の音の違いを頭で理解し、練習することをお勧めする。

「聞く」と「しゃべる」は深く連動している。英語の音の構造の違いについて学んで、音を聞き分けられるようになったとき、ようやく英語と日本語では話すときに使っている筋肉がまったく違うと気がついた。

英語の一つひとつの発音と使う筋肉の場所や使い方を説明し始めると、それだけで本が1冊（いや、それ以上かもしれない）書けてしまうくらいの膨大な情報量になってしまうので、ここでは細かい説明はしない。でも、英語の発音をある程度キチンと習得したかったら、ぜひ英語の発音を訓練するために作られた教材を使って練習してほしい。

教材は発音を発音記号とともに、口の形や使う筋肉を解説し、お手本となる音声ＣＤで音を確認できるものがよい。一つひとつの発音記号ごとに、音を聞きながら実際に声を出して練習する。

自分の発音を録音してお手本の音声と自分の発音が、どれくらい違うのかを確認しながら練習するのも効果的だろう。自分の声を録音して聞くのは、「全然できてない！」という現実を突きつけられているようで、なかなかつらいものもある。

だが、この方法は、なにが違うのかを自分で注意深く聞いてみることで耳も鍛えられる。

英語は日本語に比べて圧倒的に音の数が多い。つまり、日本語の音のポートフォリオで英語を認識しようとしてもできない音がたくさんあるということだ。認識できない音は発音することも難しい。そして、発音できない音は認識するのが難しい。

「聞く」と「しゃべる」はセットだ。そして、音の認識に使うのは自分の耳だ。発音に使うのは自分の口、筋肉なのだ。だから先に述べたように自分の発音を録音し、自分の耳で聞いて確かめることに意味がある。

日本語で育った我々は、日本語には存在しない音は学んで覚えるしかない。母国語で聞いたり発したりしたことのない音を認識できるようになるためには、いままで聞こえなかった音の違いが認識できるまで練習する。

しかし、練習といっても、やみくもに英語を聞いても効率が悪いので、まずは頭で英語の音の成り立ちを理解した上で、発音記号で音を確かめ、音声を自分の耳で聞いて確認しながら使う筋肉を意識して発声してみる。

1・音を頭で理解する

2・耳で認識する

3・口の筋肉の場所や動きを意識しながら練習する

それを体が覚えるまでくり返す。これは一種の筋肉運動だ。だから反復練習が必要。ここは忍耐が必要な作業だ。

そして、実際に自分が英語を使っていて発音しづらかったり、発音の仕方がわからない単語があったら、辞書でアクセント記号や音節、アクセントの場所を調べて、その単語はどういう音で成り立っているのかを確認して練習する。めんどうかもしれないが、しばらく続けているうちに英語の音の作りが実感できるようになり、英語を話したり聞いたりするのがずいぶん楽になる。

「音」については、実際に自分の耳と口を使って練習してみるとわかることがたくさんある。逆に、いくら人から説明されても、やってみなければわからない。

私の経験では、英語の音へのアプローチは「費用対効果」がかなり高いので、ぜひ試してみてほしい。ちょっと根気が必要だが、いったんコツをつかんでしまえば「英語が楽になった」と感じられるはずだ。

放送通訳を目指していたときに、自分の日本語のみすぼらしさにショックを受けて、アナウンス学校に通っていたことは書いた。

そのとき滑舌の指導で「できなかったら100万回練習しなさい。そして、自分の耳を信じなさい。自分の耳で聞いて、その音が正しいかどうかを判断しなさい。そうしたら必ずできるようになるから」と先生に言われた。

滑舌は口の筋肉運動なのだから、鍛えれば必ずできるようになる。だからあきらめずに練習しろと。そして、自分が正しい音を発しているかどうかは自分の耳で聞き分けろということだ。

英語の発音も同じ。使い方を頭で理解したうえで正しい筋肉を使い、くり返し練習しながら自分の耳で確認すれば、苦手な音も必ず発音できるようになる。

ここは筋トレだと思ってくり返し練習あるのみ。早口言葉もなんども練習しているうちにスラスラと言えるようになるのと同じ感覚だ（それでも100万回練習するは必要ないと思うので安心してほしい）。

私は英語の発音練習をしていたときに、顔が筋肉痛になった。冗談みたいな話だが、考えてみれば、使ったことがない筋肉を鍛えるのだから、筋肉痛になるのも当然だ。そして、筋肉痛になるくらいに頑張ってみると意外にそのあとは難しいと思っていた発音も楽になる。

英語を学ぶ人へのアドバイス

シャドウウィングをやってみよう

発音と同じくらい、もしかしたらそれ以上に大切なのがリズムだ。

ボーカルトレーニングを教えている人と「音痴」について話したことがある。その人いわく、一般的に「音痴」と言われている場合、実は音が外れているというよりリズムに乗れていないことが多いらしい。実際のところ、リズムに乗れてさえいれば、音は多少外しても、それほど聞き苦しいことにはならないと言う。

英語も似ている気がする。「発音が悪くて通じない」と思っている場合の多くはアクセントの位置がズレていたり、リエゾンができていないので英語が音として流れていない、つまり「英語のリズムに乗れていない」ことが多いのだ。

英語のリズムをつかむのにお勧めなのが「シャドウウィング」だ。同時通訳の訓練に使われるエクササイズで、英語を聞いて、聞こえたそばから音を聞こえたまま英語でしゃべりながら追っていく。通訳の場合は、「聞く」と「しゃべる」を同時進行する練習のためにおこなうものだ。

ほぼ同時にしゃべっているように見えるが、厳密には「聞いて」から「声を出す」ので、ほんの少し遅れてしゃべることになる。音に集中しながら自分の耳で聞いて、聞こえた音を真似しながら話すことで、英語のリズムをつかむのにもとても効果的だと思う。数は多くはないが、シャドウウィングに特化した教材もいくつか出ている。

コツは、意味がわからなくても気にしないこと。同時通訳者を目指す場合はともかく、ここでの目的は英語のリズムをつかむことなので、意味がわからなくてもまったく問題はない。むしろ意味をわかろうとするとリズムに集中できないので、内容は気にせず音楽を聞く感覚で英語のリズムを感じとる。

できれば指揮者のように手を振ったり、ダンサーのように体を動かしたりしながらシャドウウィングする。頭ではなく、感覚で、英語のリズムを体に刻み込むように楽しくノリノリでやるのだ。

日本人が英会話を学ぶのにネイティブスピーカーへのこだわりは必要ないと先に書いたが、シャドウウィングをする場合は、教材として使うのはネイティブスピーカーの英語を使うほうがいい。

ひたすら英語のリズムを体に覚えさせることが目的なので、英語のネイティブスピーカーの美しいリズムをお手本にしてほしい。演説上手で知られるオバマ大統領のスピーチなどは、絶妙に韻を踏みながらリズミカルに盛り上げていく流れがとても役に立つだろう。

表現力の引き出しを増やす

「単語が覚えられないんです」というのも英語に関する相談でよく受けるもののひとつ。

「どうしたら英単語を覚えられますか?」と質問されるが、結論から言ってしまえば、「覚えられない単語は必要ないということなのだから、覚えなくていい」のである。人間、必要で使っているものは忘れない。

スマホの機能だって、毎日使っているものは忘れようがない。めったに使わない機能は久しぶりに操作しようとしても忘れてしまっている。

でも必要だったら、また覚えればいい。一度覚えたものは、二度目には最初より簡単に覚えられる。二度目にまた忘れてしまったら、また覚えればいいのだ。それをくり返していたら必ず定着する。

必要だからこそ覚えるまでその作業をくり返すのだし、一度覚えたけれど忘れてしまった単語は必要ないのだと割り切る。そのほうが「どうして、覚えられないの!?」と自分を責めるよりずっと気分よくモチベーションを維持できる。

「単語が覚えられない」という人に「どんな単語を覚えようとしているのですか?」と聞くと、「テキストに出てきた単語を順番に」とか「英会話学校の宿題で出されたものを単語帳に写して覚えている」という。

覚えられないのもある意味当然だ。テキストや英会話学校の宿題で出される単語が、必ずしも「自分が使う単語」と一致しているわけではない。単語を覚えたいのは「使うために覚える」のであって、「覚えること」が目的ではないはずだ。だったら、自分が使う単語に絞って覚えた方が効率はずっといいと思う。

お勧めは、自分が英語を話している場面で言いたかったのに出てこなかった単語や、理解できなかった単語から覚えていくことだ。

英語で映画やテレビを見ていて耳に残ったけれど意味がわからなかった単語、仕事のメールで出てきた初めて見る単語などを書きとめておいて、それを覚えていく。自分の経験の中で出てきた英単語は、また必要になる確率が高いので、そういったものから覚える方が達成感があり、その単語が使われたシチュエーションとともに覚えられるため記憶に残りやすい。

語彙力に関してのもうひとつのアドバイスは、英単語を覚えるという発想をやめること。そもそも言いたいことが伝わればいいのだから、それを伝える単語はひとつではないはずだ。

例をあげて説明すると、「difficult」(難しい)という単語が思いつかなかったとする。difficultという言葉を使わずに「難しい」という状況を説明したかったら、かわりにどんな表現が使えるのかを考える。

「hard」「tough」「troublesome」「painful」など、いくつかあるだろう。意味がまったく同じでなくても、言おうとしていることが伝わることが大切なのだから、たとえば「my boss is difficult」(上司が難しい人だ)のような話なら「demanding」(要求が多い)などもいいかもしれない。

表現に正解はない。自分の言いたいことを伝えるために、すでに知っている単語を使って表現を工夫するというのも、単語数を増やすのと同じくらい有効だ。

「通訳をしていて言葉が出てこないということはありますか?」と聞かれることがあるが、答えは大きくうなずいて「Yes」だ。そんなことはよくある。

通訳だって、どんなに準備しても知らない言葉に遭遇することはあるし、知っているはずの言葉なのに出てこないという情けない状況に陥ることもある。翻訳と違って「瞬間芸」の通訳は、その場で言葉が出てこなければお話にならない。
「本当はもっとピッタリした言葉があるはず！」と思いながら、それが瞬間的に思いつかず、第2、第3候補の言葉を選択せざるを得ないことも多々ある。

ピッタリした言葉が思いつかないからといって黙り込んでしまっては仕事にならないので、いかにベストチョイスに近い「第2候補」「第3候補」の引き出しをたくさん用意しておけるのかというのも通訳技術のひとつ。そのためには、前で説明した「difficult」を他の言葉で表すとどんな表現があるか？　のような、「英語を英語で言い換える」ことを練習したりする。

英語の特徴のひとつに、言葉の置き換えをする傾向がある。たとえば「我が社は……」という言葉がひとつの会話でなんども出る場合は、「our company」「the company」「this entity」「○○○（会社の固有名詞）」など表現を変えながら話す。

主語を省いても通じる日本語と違い、英語は文章の始めに必ず主語が入る構造なので、同じ主語が続く文章の場合、言いかたを変えて変化をつける工夫をするためだろう。たしかに、そのほうが何度も同じ単語をくり返すよりスマートに聞こえる。

そして、会話のなかで、相手の言ったことを自分の言葉に置き換えて確認したりする。相手の言っていることを自分の言葉に置き換えることで「理解していますよ」ということを確認しているのだと思う。これは必ずしも絶対に守るべきルールというわけではないが、そういう英語の習慣を意識しながら聞いたり話したりしてみるとおもしろいかもしれない。

英語では言葉の置き換えが習慣的におこなわれることを考えても、同じことを言うときに第2、第3の候補となる単語を普段からたくさん持っておけば、表現の幅が豊かになるし、万が一単語を思い出せなくてもあわてなくてすむだろう。

単語に関する通訳技術をひとつ紹介すると、「確信がないときは意味を広げる」というものがある。たとえば、話し手が○○動物園のライオンの「ねいら」の話をしているけれど、「ねいら」という名前が聞き取れなかった場合どうするか？　これを適当に「レオ」とか「シンバ」とか訳してしまうと誤訳になる。

しかし名前はわからないけれど、前後の流れからライオンであることは判断できるという場合は「ねいら」と言うかわりに「ライオン」と訳す。

同じように、それがライオンか熊かはわからないけれど、動物だということがわかっている場合は「動物園の動物」とか、それすらわからない場合は「生物」とか、わかっている範囲まで意味を広げていくことで誤訳を避ける。

そして、話が進むにつれて「これは○○動物園の『ねいら』の話だ！」と確信が持てたら、次に「ねいら」という単語が出てきたときに「ライオン」でも「動物園の動物」でもなく「ねいら」と訳す。

「とりあえずCNN」はやめよう

英語学習は長期戦だ。英語の音へのアプローチも、単語を言い換えて表現の引き出しを増やすにしても、くり返しの練習や、ある程度の根気が必要だ。

それは、どんなに効率のいい学習方法を選んだとしても避けられない。身につくまでくり返し努力するしかないのだ。

英語を学ぶことの相談で、けっこう多いのが「続かない」ということだったりもする。続けることが重要だとわかってはいても、意思の力だけではモチベーションは維持できない。挫折せずに学ぶ工夫をすることも、英語がうまくなるためのスキルのひとつだ。そして、持続して努力した経験や、「自分は頑張った」という想いが、英語への自信にもつながるのではないだろうか。

挫折してしまう原因のひとつに「ハードルを上げすぎること」があるように思う。そういう人は、もともと自分に厳しくハードルの高すぎるタスクを設定してしまう傾向が強い。それだけ向上心があるということだ。しかし、英語は長期戦。張り切り過ぎはよくない。続けるためには無理は禁物だ。

放送通訳を目指して日本語を矯正《きょうせい》しようとアナウンス学校に通っていたころ、「全然うまくしゃべれない」と落ち込む私に先生がおっしゃったことがある。

物事がうまくなるには時間が必要。すぐに上達するものなどたいしたものではない。なにかを身につけようとしたら時間をかけて努力し続けることが必要なんだから、思い詰めずに楽しくやりなさい。楽しくなければ続けられないよ、と。

自分の経験からも、英語は「楽に」身につくものではないと思う。でも続けるために楽しんだりプチ達成感を得たりする工夫はできる。

私が英語の勉強をなんとか続けられた理由のひとつは、それまでできなかったことができるようになる楽しみを、ところどころで味わえたことも大きい。英語が「できるようになった」という実感を得て少しでも楽しいと感じるためにも、ハードルは上げすぎない方が持続可能な学習方法になる。

これまでに「英語を学び始めたので、とりあえずCNNを頑張って聞いているんですよ」という人に何人も会った。それを聞くたびに私は「すぐにやめたほうがいいですよ」と言ったものだ。

しかし、そのうち言うのをやめにした。なぜなら、言わなくても英語の勉強を始めて張り切ってＣＮＮを聞き始めた人たちが挫折するのは時間の問題だったたから。

これは私の個人的な、本当に狭い経験にもとづいた印象ではあるけれど、「英語を学び始めたのでＣＮＮを聞いている」という人はみごとに全員が挫折している。ＣＮＮが悪いというのではない。むしろ個人的には私もＣＮＮは好きだ。

でも、初心者の英語学習の教材としては絶対に不向きだと思う。まず英語のスピードが速すぎる。実際に同時通訳をしていた経験からも、ＣＮＮのスピードの速さは痛感している。それを初心者が聞きとるのはかなりハードだろう。

そして、内容。さまざまな国際情勢や海外の情報を伝えてくれるＣＮＮのニュースはとても興味深い。しかし、国際機関の名前や、地名や、要人の肩書きが次々と出てくる。聞いたこともない難しい単語のオンパレードだ。

それだけなら、どんなに難しくても問題ない。問題なのは、これらの単語はやたら難しいのに使う機会がないことだ。特殊な仕事をしている人ならともかく、「国連難民高等弁務官事務所（Office of the United Nations High Commissioner for Refugees）」という単語を一生懸命覚えても、日常会話で使う機会なんて普通の人にはめったにない。

一生懸命に難しい単語を覚えても、使う機会がなければ忘れてしまう。忘れてしまうから「成果が出ない」とあきらめたくなる。だから、「英語を学び始めたから、とりあえずCNNを聞いている」という人は挫折してしまうのだろうと思う。

ハードルはトコトン低く

高校卒業後にアメリカに語学留学したとき、もちろん英語なんかまったくできなかった。テレビを見ても全然理解できないから、画面を見ていればなんとなく内容がわかる『セサミストリート』をずっと見ていた。

あまりにも有名な子ども番組を大人の私が真剣に見ているのをホストファミリーはいつも笑っていた。でも、当時の私の英語力では『セサミストリート』を、画面を見ながら理解するのがやっとだったのだ。あとは、ディズニー映画の『バンビ』。バンビが雪で遊んでいる場面で「snow!」という単語を聞き取れてうれしかった。

日本の学校ではほとんど勉強していなかったので、私が英語を学び始めたのは実質この時点である。つまり英語学習をスタートしたときの私の英語レベルはそれくらいだ。

そんなレベルで「英語を学んでいるんだから」と気張って難しいものに挑戦しても、気力が持たずに途中で飽きて英語なんてどうでもよくなってしまう。だったら『セサミストリート』や『バンビ』を理解しながら見るほうが楽しいし、楽しんでいるからそこで耳にする単語や言い回しも覚えやすい。

しかし、そうは言っても『バンビ』や『セサミストリート』を理解できるレベルでは、ビジネス英語は身につかないではないかっ！　という人もいるだろう。まさにその通り。だから、それが理解できるようになったら、次の段階の自分が理解できる教材に進む。自分の英語レベルに合った教材や学習法を見極めるのは重要なスキルのひとつだ。それを続けるほうが、いきなりCNNにチャレンジしてすぐに挫折するよりは長期的に見て英語が身につくことは間違いない。

もうひとつ、教材を選ぶときは、興味が持てるものであることも大切。初めてアメリカに行った頃は日常会話もままならなかったが、ホストファミリーとなんとか会話をしたくて夕飯の支度をよく手伝っていた。

言葉が通じなくても身振り手振りでなにをすればいいのかだいたいわかるし、なにより料理が好きだったのでホストマザーと一緒にキッチンに立てるのがうれしかった。

気に入った料理があるとお願いしてレシピをもらい、レシピを見ながら単語を覚えた。興味があることなら言葉が通じなくても楽しいし、身振り手振りを交えて会話も広がりやすい。

まずは英語に慣れたいという人は、楽しいと感じられることを見つけて、「これならわかる」というレベルのものを教材として使うことをお勧めする。

モチベーションのおきかた

アメリカ人の父親と日本人の母親を持つ友人がいる。

彼は、日本で生まれて幼稚園まで日本で過ごしたあと、ご両親の都合でアメリカに移住した。アメリカ人のお父さんは日本語が理解できなかったので家での会話は英語。アメリカでは現地の学校に通ったため、日本語に触れる機会はほとんどなかった。

4歳年上のお兄ちゃんは小学校の低学年まで日本で学校に通っていたので、かろうじて日本語の日常会話と簡単な読み書きができた。

ある日、友人はお兄ちゃんが持っていた『ドラゴンボール』の漫画が読みたくて、お母さんに日本語を教えてほしいと頼んだ。そして、平仮名を一生懸命に勉強した。幸い漢字に仮名が振ってあったので、平仮名を覚えれば読めるようになった。

そして少し大きくなったころ、今度は『美味《おい》しんぼ』にハマった。しかし、こちらは漢字に仮名が振られていない。しかたがないので、今度は『美味しんぼ』読みたさに漢字を覚えた。

とくに「日本語を学びたい」と思ったわけではなかったらしいが、「漫画を読みたい！」という一心で日本語を勉強したという。そのあと、単身アメリカから日本に渡った彼は、仕事をしながら必要に応じて日本語の会話を学んでいった。アメリカ人とのハーフで背も高かったので、最初はモデルの仕事から始め、いまでは日本に住んで立派なビジネスマンとして働いている。

彼の場合は、言語ではなく漫画への情熱が結果的に日本語を習得する機会を作ってくれた。彼の目的は「日本語を学ぶ」ことではなく『ドラゴンボール』を読むことだった。そのために「平仮名が理解できるようになる」ことを目標に勉強した。そして、『美味しんぼ』にハマったあとは、「漢字が読める」ことが目標になり、日本に住み始めてからは「仕事に必要な日本語の会話を習得する」ことが目標になった。

その時その時の目的に応じて目標も変わり、もちろん勉強法も変わっていった。

必要なことから、必要なことだけを

クライアントのFさんは、英語は話せないけれど「少しでも自分で話したい！」という一心で、外国人に会うたびにいつも「英語でなんて言えばよいか教えて」と聞いてくる。

最初にこの質問をされたとき、「挨拶は初めて会う人のときには“Nice to meet you”で、面識のある人には“Nice to see you again”です。別れぎわには動詞をing形にして“Nice meeting you”“Nice seeing you”と言ってください」とお答えした。

すると、ここですでに「そんなにたくさんは覚えられない」と拒否反応。とりあえず気長にひとつずつ覚えることにしてもらった。

まず挨拶は“Nice to meet you”、その日はそれだけを覚えた。そして次に、同じ人に会うさいには“Nice to see you again”を覚える。

さらには、「自己紹介はどうしたらいい？」と聞くので「握手しながら相手の目をまっすぐ見て、ニッコリ笑って『ヤマダタロウ（仮名）』と自分の名前だけ言えば十分です」と（名前を言うだけなので、これが「英語での自己紹介」と言えるかどうかは疑問だけれど、とりあえず目的は達成できる）。

「いろいろありがとうございます」と言いたいときは？「"Thank you for all your help"です」といった感じで、できるだけシンプルに外国人と接する機会があるたびに、ひとつ覚えたらまたひとつと学んでいった。

同じことを表現するにも複数の言い回しがあるけれど、Fさんのリクエストに応え、とにかくもっとも簡単で短い言い回しを選んだ。ときには使う直前に「"Nice to see you again"でいいんだっけ？」みたいな「おさらい」も実施。これは所要時間10秒でできる。

そんなある日、本社の外国人役員を招いてのディナーで締めのスピーチを任せられたFさんが突然、英語で話し始めた。内容は簡潔で極めてシンプル。そして、通訳する気満々で隣に立っている私を横目に、Fさんは最後まで英語で、その短いスピーチを終えた。

英語が話せないはずのFさんが、英語でスピーチをしたことに、みんなびっくり仰天《ぎょうてん》。

「どうしたんですか？」とあとから聞いたら、「締めの挨拶で言いたいことを頭のなかでサッと考えたら、これまで教えてもらった文章を組み合わせればいいと気づいた」とのこと。

ちなみに、商談などビジネスの場では、Fさんはいまでも通訳を使っている。英語は相変わらず1回につき1フレーズずつ覚えている。

自分にとってなにが必要なのかを見極め、無理をせず目的に合った適切な選択をすることもコミュニケーションスキルの基本なのだと思う。

英語のスピード

英語が聞き取れない人が、英語のスピードや発音に慣れるために、とにかく英語を聞きまくるという話をよく聞くが、それは大人の学習法としてはあまりお勧めしない。

耳を慣らすことはとても大切だ。しかし、先にも述べたが、大人になってから英語を学ぶ場合は、「まずは頭で理解すること」、そして続けるためには「無理をしないこと」が大切。リスニングも、いきなりビジネス英語をネイティブのスピードで聞こうとしないで（そして、間違ってもいきなりCNNを聞いたりしないで）、「自分が聞き取れるスピード」から慣らしていくことをお勧めする。

じつは通訳トレーニングのさいに私もそうしていた。通訳学校ではCNNニュースを題材に学んでいたが、かなりスピードが速い。そこで、遅回しができる再生機能のあるカセットテープレコーダーに、音声を録音してスピードを落として聞く。

一言一句、単語をすべて聞き取り意味が確認できるまで、最初は「冗談か!?」と思うほどゆっくり再生する。それを少しずつスピードを上げながら、くり返し同じ文章を聞いて耳を慣らしていく。

これはあくまでも一言一句を聞き逃すことができない通訳という仕事のためのトレーニングの一環としてやっていたことだが、英語のリスニングを鍛えたいという人にもお勧めだ。

いきなり高速で聞くよりも理解できることで達成感があるし、スピードを落とすことで

「どこに注意を払って聞けばよいか」がわかるので、ゆくゆくは速いスピードのネイティブの英語を聞く練習としても効果的だと思う。もちろん、ゆっくりのスピードに慣れてきたら、だんだん速くしていけばいい。

英語で話そうと思うだけで固まってしまう

英語で話していて通じないときの一番楽な解決策は「黙ること」だ。しゃべらなければボロが出ない。理解できていないこともバレない（いや、バレることもあるが……）。でも、それでは伝わらないし、上達しない。

英語は使わなければ絶対にうまくならない。学んでも実際に使わなければ上達しないのは英語に限らずなんでも同じだろう。

そして一生懸命に単語やフレーズを覚えても、実際に使ってみるとイマイチ通じないこともたくさんある。そんなとき、どうしたら伝わるのか考えてみる。じゃあ今度はこんなふうに言ってみようかと模索する。試行錯誤だ。

このプロセスこそが、英語の上達にはなにより大切だと思う。困るからこそ上達するのだ。黙り込んでいる場合ではない。やってみなけりゃ学べないことはたくさんあるのだ。

英会話上達のためには実際にしゃべることの重要性は強調してもしきれない。まさに習うより慣れろだ。

「じゃあ、今度はこうしてみよう」と考えているとき、頭の中ではいままで覚えた英語の知識がフル回転で再生され、リアルなシチュエーションで組み立て直されている。「どうしたら伝わるのか?」と、脳が「伝え方」の引き出しを構築している。

伝えよう、英語を使おうと努力し続けることで学んだ英語が自分のものとして身につき、状況が変わっても使える応用性のあるコミュニケーション力が鍛えられるのだ。

英語上達の道は理解（学ぶ）→練習→実際に使う→間違える→理解（学ぶ）のくり返し。間違えることを恥ずかしがるのではなく、間違えるのは学ぶプロセスであることを受け入れよう。英語学習の歴史は「赤っ恥の歴史」である私が言うのだから間違いない。間違えることは学びのプロセスだ!

そうはいっても、実際のところ苦手意識を持ちながら英語を話すのはかなり勇気がいる。失敗できない場面もあるだろう。

私が出会った「英語は苦手」という人の多くは、「本番でしか英語を話さない」人たちだった。つまり、普段英語は使っておらず、本番（＝英語で話すことが本当に必要なとき）に必死でしゃべって英語が通じない経験をする。失敗してはいけない場面で失敗してしまうので「英語なんか嫌いだっ!!」となってしまうのだ。

だったら、まずは失敗できる場面でたくさん間違えてみよう。本番一発勝負では危険すぎる。安心して間違えられる場を見つけて間違えまくるのだ！　英語に限らず、学ぶためには安心して間違えられる場所が不可欠だ。

英会話学校に通っているなら「ここは間違える場」と開き直るのもひとつの手だし、英語スピーカーの友達がいるなら「頑張ってチャレンジしてるから間違いを直してね」とお願いしてみるのもいい。最近はSkype《スカイプ》などを使った比較的安価な英会話レッスンも増えているので、そういう場を「安全に間違えられる場」として利用するのもアリだろう。

それでも間違えたら、ちょっと恥ずかしい。恥ずかしかったことは必ず覚える。恥ずかしいから「次はどうしたらいいんだろう」と真剣に考える。だから身につく。英語習得の道はトライ&エラーの道。トライ&エラーを思う存分できるような場所を確保して、安全にたくさん恥をかいて学ぼう。

強化合宿のススメ

日本人は「毎日コツコツ」が好きだと思う。いや、実際に「コツコツ」やることが好きというよりは「コツコツ努力する」という概念そのものが好きだという気もする。

英語に限らず、なにごとも上達するには時間がかかるものだから「コツコツやることが大切」というのは正しい。もちろん英語でも、たとえば1日で1000の単語を覚えるのは無理だ。1日10個ずつ100日かけて覚える。さらには忘れたぶんの復習も考えると数ヶ月の時間がかかるだろう。そういう意味では「毎日コツコツ」は大切だ。

でも生活形態や、性格や、その他なんらかの理由で「毎日コツコツ」が続けられない場合は、英語は毎日コツコツ勉強するものだという考えを一度手放してみることをお勧めする。もちろん持続することは大切だが、一定期間集中して勉強することで効果が感じられることもある。

とくにTOEICのスコアを上げるとか、出張を前にして英語でコミュニケーションをすることになったとか、期限が決まっていて本当はやりたくないけれど英語の勉強をしなくてはならないような場合は「強化合宿」をお勧めする。

自分の経験ではTOEFLの勉強をしていたときがそうだった。TOEFLのための試験勉強が本当に嫌でたまらなかったけれど、アメリカの大学に入学するためにはスコアがどうしても必要だったので、「試験日までは！」と思って頑張った。

あれを一生毎日コツコツ続けろと言われたら始める前から挫折していただろう。「試験日まで」という期間限定だから頑張れたのだ。

期間はそれほど長くなくても、夏休みとかゴールデンウィークとか、それが無理なら週末だけでもいい。「強化合宿」のつもりで英語を勉強する期間を決める。

「合宿」といっても特別な場所に行く必要はない。生活の中で、「この期間は英語を頑張る」と決めて英語の勉強を最優先にする。その間は、目についたものはすべて英語で言ってみるくらいに、常に英語のことを考え続ける。「強化合宿」の期間を設けて、「いまだけは頑張ろう」と集中する。期間限定だからこそ集中できる。

そのさいにぜひお勧めしたいのが「合宿」中に使った教材や資料は、その期間が終わったら捨てること。終わったら捨てるという覚悟をすることで、本当に必要なものだけを吟味してそろえ、期間中は集中する気持ちが高まる。

そして、「強化合宿」が終了したらいったん英語の勉強は休んでもいい。またやりたくなったら期間を決めて勉強すればいいのだ。継続することは必要だが、「毎日コツコツ」が苦手な人は、毎日コツコツにこだわる必要などない。

勉強は自分に合った方法で好きなペースで続けるのが一番効果的だ。

英語を学ぶということ

通訳の勉強を始める前は、自分の頭の中でつながっていない日本語と英語をどうつなげたらいいのか、それを言葉のプロである通訳はどのようにやっているのか知りたいという気持ちがあった。しかし、実際に通訳になるための勉強を始めてみると、つながっていないものは一つひとつつなげる作業をするしかないのだと気づいた。

つまり「この英語の言葉」は「この日本語の言葉」と一つひとつ理解しながら確認していく。通訳の仕事を始めて15年になるが、この作業は現在でも続いている。悩みながら、迷いながら、英語と向き合い学び続ける毎日だ。

わからない言葉があれば、その言葉の意味がわかるまで調べる。よりピッタリくる、ふさわしい表現がないものか、常に探している。辞書にも載っていないニュアンスや意味も結構あるので、さまざまな文例を参考にしながら自分で納得のいく対訳が見つかるまで調べ、考える。

言葉は生き物だとよく言われるが、通訳をしていると本当にその通りだと痛感する。内容は同じでも聞いている相手によって選ぶべき言葉は変わる。相手や状況によって「正解」も変わるということだ。

言葉は、「これで完璧」などということはあり得ない。裏を返せば、完璧であり得ないのだから、完璧でなくてもいいのだ。

大切なのは伝わること。自分が伝えたいことを、頭をひねって伝えようとすること。頭をどんなにひねっても出てこない単語や足りない知識は、学んで取り入れること。

その作業をくり返しながら上達していくのであり、学び続けて成長するのだと思う。

あとがきにかえて

初めてKADOKAWA　アスキー・メディアワークスの編集長である工藤裕一さんにお会いした日、家に帰って号泣した。泣いたのではない。号泣したのだ。

不登校であった私が、ほとんど奇跡のように親切な方々との出会いのおかげで英語を習得して、現在は同時通訳の仕事をしていることをお話ししたら、「本というのは、なにが書いてあるかよりも誰が書くかで説得力が決まるんです。田中さんは本を書く資格が十分にあるし、いままでの生きざまや自分の考えを世の中に伝える義務があります」と工藤さんは言った。

自分のことをそんなふうに言ってくれる人がいたことに衝撃を受けて、家に帰ってからその言葉を嚙《か》みしめて声をあげて泣いた。

「みんなと同じ」ができないことにずっとコンプレックスを持っていた。不登校で学校にも行けず、普通の人が普通にできることができないダメな自分を私は大人になってからも、ずっと抱えて生きてきたことに気づいた。

「みんなと同じ」じゃなくても、自分に合った場所で、自分に合ったやり方で生きていればいいということを、誰よりも私自身が認めていなかった。

人はあんがい、自分自身のことを一番認められずに、いつかどこかで誰かから与えられたかもしれない「正解」に、一生懸命自分を当てはめようとして、そこにピッタリとはまらない自分を無駄に責めて自信を喪失しているものなのかもしれない。

無計画に初めて海外に行ったとき、まさか英語とのつき合いがこれほど深く、長くなるとは夢にも思わなかった。ましてや同時通訳という、英語を生業《なりわい》とする職業に就くなど想像もできなかった。

文化の違う人たちのなかで必要に迫られて英語とトコトン向き合うことで、大切なのは正解にこだわることでなく、自分がなにを伝えたいか、なにをしたいのかという軸をはっきりさせることだと思い知った。それは、もしかしたら英語だけではなく、人生全般にも言えるのだろう。

不登校だった高校生の頃、私は不安で怖くて仕方がなかった。周囲になじめない違和感は、世の中に出たときにうまくやっていけない暗示にすら思えた。

不安と恐怖でいっぱいになりながら、漠然と「広い世界を見てみたい」と思い、見たことのないものを見て、おもしろい人たちに出会ってみたいと願っていた。そして、学校や周囲になじめない窮屈さに耐えかねて海外に飛び出した結果、自分の願いがまさに体現されているような通訳という仕事に就けたことは、とてもありがたく不思議ですらある。

不器用な間違いだらけの七転八倒を繰り返した私のサバイバル英語体験。その経験をお伝えすることで、英語を学ぶこと、英語を使うこと、ゴールすら見えないけれど何かにチャレンジしてみることが少しでも楽になったと感じてもらえたら、こんなにうれしいことはない。

本を書くという初めての経験を通して、これまでの自分の人生をじっくり振り返る機会を得た。いま思い出してもありがたくて涙が出てくるようなすばらしい人たちとの出会いが、こんなにたくさんあったことに改めて驚いた。自分の人生がどれほど多くの人たちに支えられているかを感謝と共に痛感した。そして、私のこの性格のおかげでご迷惑をおかけした方もたくさんいることだろう。

できることなら、一人ひとりに会ってお礼を言いたい……もう会えない人もいるけれど、きっと想いが届くことを信じて、この場を借りて心からのお礼を伝えたい。

この本を創るにあたり、まるで姉のように時に優しく、時にサバサバと接してくださったKADOKAWA　アスキー・メディアワークスの小坂淑恵さんにお礼を申し上げます。小坂さんとお仕事ができて本当によかった。

最後に、無鉄砲な私の行動をいつも心配しながら見守ってくれている家族に感謝します。

私はずっと、親の期待に応えることができないと思っていたけれど、両親は私になにも期待などしていない、手紙にしたためてあった父の言葉を借りれば、「自分らしく、楽しく過ごせばいい」と、いつも信じて見ていてくれていたのだと、いまはわかります。

ありがとう。

２０１６年秋

田中慶子

※本書は事実に基づくノンフィクション作品ですが、プライバシーや関係者の名誉等に配慮をし、一部人名や設定などを実際のものとは若干変更しておりますので、その点は予めご了承願います。

本書は、２０１６年11月、ＫＡＤＯＫＡＷＡから単行本で刊行された『不登校の女子高生が日本トップクラスの同時通訳者になれた理由《わけ》』を文庫化したものです。

一〇〇字書評

切り取り線

購買動機（新聞、雑誌名を記入するか、あるいは○をつけてください）

□（　　　　　　　　　　　　　　　　）の広告を見て
□（　　　　　　　　　　　　　　　　）の書評を見て
□ 知人のすすめで　　□ タイトルに惹かれて
□ カバーがよかったから　　□ 内容が面白そうだから
□ 好きな作家だから　　□ 好きな分野の本だから

●最近、最も感銘を受けた作品名をお書きください

●あなたのお好きな作家名をお書きください

●その他、ご要望がありましたらお書きください

住所	〒				
氏名		職業		年齢	
新刊情報等のパソコンメール配信を 希望する・しない		Eメール	※携帯には配信できません		

あなたにお願い

この本の感想を、編集部までお寄せいただけたらありがたく存じます。今後の企画の参考にさせていただきます。Eメールでも結構です。

いただいた「一〇〇字書評」は、新聞・雑誌等に紹介させていただくことがあります。その場合はお礼として特製図書カードを差し上げます。

前ページの原稿用紙に書評をお書きの上、切り取り、左記までお送り下さい。宛先の住所は不要です。

なお、ご記入いただいたお名前、ご住所等は、書評紹介の事前了解、謝礼のお届けのためだけに利用し、そのほかの目的のために利用することはありません。

〒一〇一-八七〇一
祥伝社黄金文庫編集長　萩原貞臣
☎〇三（三二六五）二〇八四
ohgon@shodensha.co.jp

祥伝社ホームページの「ブックレビュー」からも、書けるようになりました。
www.shodensha.co.jp/bookreview

祥伝社黄金文庫

不登校《ふとうこう》の女子高生《じよしこうせい》が
日本《にほん》トップクラスの同時通訳者《どうじつうやくしや》になれた理由《わけ》

令和4年4月20日　初版第1刷発行

著　者　田中慶子《たなかけいこ》
発行者　辻　浩明
発行所　祥伝社《しようでんしや》
〒101－8701
東京都千代田区神田神保町3－3
電話　03（3265）2084（編集部）
電話　03（3265）2081（販売部）
電話　03（3265）3622（業務部）
www.shodensha.co.jp

印刷所　萩原印刷
製本所　ナショナル製本

ISBN978-4-396-31822-2 C0195